U0527404

中国应用新闻传播
十大创新案例（第四辑）

主　编／张志安　陶建杰

图书在版编目（CIP）数据

中国应用新闻传播十大创新案例. 第四辑 / 张志安，陶建杰主编. --广州：南方日报出版社，2021.11
ISBN 978-7-5491-2431-2

Ⅰ.①中… Ⅱ.①张… ②陶… Ⅲ.①新闻学－传播学－案例－中国 Ⅳ.①G219.2

中国版本图书馆 CIP 数据核字（2021）第 196437 号

ZHONGGUO YINGYONG XINWEN CHUANBO SHIDA CHUANGXIN ANLI（DI-SI JI）
中国应用新闻传播十大创新案例（第四辑）

主　　编：	张志安　陶建杰
出版发行：	南方日报出版社
地　　址：	广州市广州大道中 289 号
出 版 人：	周山丹
责任编辑：	刘志一　郭海珊
装帧设计：	邓晓童
责任技编：	王　兰
责任校对：	魏智宏
经　　销：	全国新华书店
印　　刷：	广州市尚铭印刷股份有限公司
开　　本：	787mm×1092mm　1/16
印　　张：	10.75
字　　数：	141 千字
版　　次：	2021 年 11 月第 1 版
印　　次：	2021 年 11 月第 1 次印刷
定　　价：	38.00 元

投稿热线：（020）87360640　　　读者热线：（020）87363865
发现印装质量问题，影响阅读，请与承印厂联系调换。

代序 Preface

抗疫融合报道创新与媒体深度融合探索

——2020年度中国应用新闻传播十大创新案例评析

张志安　李嘉晖

2020年年初以来，新冠肺炎疫情这场突如其来、影响深远的全球突发性公共危机考验着世界各国的治理能力，也给正在加速媒体融合的新闻传播业带来挑战。在中国，新冠肺炎疫情暴发后，不同类型的媒体传播行动者聚焦抗疫传播，凸显责任担当，交出了抗疫报道创新的生动答卷。

中国新闻史学会应用新闻传播学研究会以"繁荣新闻实务研究、促进应用传播发展"为目标，自2017年起，连续4年评选年度应用新闻传播创新案例。2020年度中国应用新闻传播十大创新案例包括中央广播电视总台新闻新媒体中心、新华社武汉前方报道团、湖北日报融媒体中心、长江云、"四川观察"抖音号、"新浪新闻"App、《南方周末》、《三联生活周刊》、快手、丁香医生。

多元传播行动者的抗疫报道和融合传播

在抗击疫情的新闻报道和媒体传播中，以中央广播电视总台、新华社等为代表的专业媒体，以丁香医生为代表的垂直机构媒体，与新浪、字节跳动、快手等互联网平台媒体的内容传播实践，共同展现了不同类型传播行动者深度融合的积极创新与前沿探索。

中央和省市主流媒体采用融合报道的方式，发布权威信息、解读抗疫政策，以正面宣传发挥凝心聚力的作用。针对武汉抗疫工作，中央广播电视总台新闻新媒体中心73天全天候不间断推出直播《共同战"疫"》，全程直播国家级和地方重点新闻发布会300余场，充分调动前方记者、医护人员、市民、志愿者、留学生等UGC（用户生产内容）资源，邀请钟南山、张文宏等专家开设50余期《战"疫"公开课》，慢直播《两神山造医院》。在不到一个半月的时间内，《共同战"疫"》在各平台累计观看量达74.75亿。此前，慢直播主要用于景区直播，比较有代表性的央视网"熊猫频道"就是以拍摄国宝熊猫为主要内容。而在疫情期间，慢直播首次介入重大突发事件的报道，成为硬新闻传播的新形式。

武汉暴发严重疫情后，新华社成立前方报道指挥部，从总社和全国各分社抽调的骨干记者编辑与新华社湖北分社记者一起组成90多人的报道团队，在湖北尤其是武汉疫情防控一线，通过全媒体报道带着受众走进核心现场。快讯、消息、Vlog、3D、深度报道等多种形式构建起全方位、立体化的报道，其中新媒体报道单组最高浏览量接近25亿。此外，针对抗击疫情中出现的重大问题及时发表"新华时评"，有效助力疫情治理现代化。作为国家级通讯社，新华社在这次抗疫报道中体现出主力军的担当。

作为身处"风暴中心"的媒体代表，湖北日报和长江云整合各方资源，壮大新媒体力量，主动打响融合传播"战役"。湖北日报融媒体中心安排专人专岗负责专项栏目，注重在抖音、微博、微信公众号等平台设置话题，在热点中选题破题，引导公众参与讨论。其开设"众志成城，共克疫情"抖音合集，设置阅读量过1000万微博话题达10个，优质内容在短视频平台上实现"破圈"传播。

湖北广播电视台则以"长江云"App为主导，将长江云从面向湖北广电的媒体服务平台逐步升级为面向全省的"媒体+政务+服务"综合性移动新媒体平台。在提供疫情新闻的同时，长江云还建设疫情互助系统，进行实时舆情监测，发挥抗疫信息枢纽的角色。新冠肺炎疫情期间，长江云倡导并联合全国16个省级平台一起推出"区块链编辑部"，在疫情报道的内容共享和传播合作中探索创新机制。同时，以"远程视频连线+广电5G直播"的方式，助力国家和湖北的新闻发布工作，这是700 MHz+4.9 GHz广电5G在疫情防控前线的首次实战应用。

一些市场化媒体在疫情暴发初期也特派记者深入现场，以调查性报道和解释性报道呈现重大议题的复杂图景，让受众更加全面地了解新冠肺炎疫情危机给国家治理能力带来的严峻考验。《三联生活周刊》特别重视刻画普通人的抗疫行动，关注疫情之下人们的内心情绪，这与其强调"生活"的办刊定位分不开。《我在泉州隔离酒店废墟下的69小时33分》《武汉急诊一线医生口述：惟愿冬天早点过去》等稿件，采用第一人称口述的方式，还原新闻事件的现场，细腻展现人物内心活动，强故事性和高可读性获得良好传播效果。基于原创内容，三联提炼出IP（知识产权），围绕IP开发出图书、音频、视频等系列产品与知识服务，逐步构建起一个集微信、纸刊、微博、抖音、"中读"客户端、"松果生活"、"熊猫茶园"等于一体的融媒体传播生态系统。

与《三联生活周刊》一样，《南方周末》深耕深度和原创内容也取得社会效益和经济效益的双丰收。其秉持"内容为王"的理念，设立计量式软性新闻付费墙并取得阶段性成功。同时，又推出"非虚构写作""评论写作""新媒体创意赋能课"等知识付费产品，受到青年网民群体的青睐。

丁香医生这种垂直类机构媒体，在专业信息服务和知识传播方面体现独特优势，率先上线疫情地图，开设辟谣专栏，传播健康资讯与知识，还增加了原创报道团队，发表系列深度作品。由此，实现了重大公共事件发生后，垂直领域机构媒体以更加主流化的姿态和角色介入公共事务、服务公共传播的社会功能。

此外，以数据化、设计化乃至基础设施化为特点的互联网平台媒体，在疫情防控中进一步强化其枢纽和服务角色，从精准辟谣到交换物资信息，从提取健康数据到跟踪群体迁移，平台媒体日益成为国家治理能力提升的催化剂。比如，新浪移动近年来以"智能+"移动资讯媒体为核心，打造全场景、全链路的智能媒体生态。疫情期间，新浪新闻上线抗肺炎频道，一站式提供实时疫情数据、可视化疫情地图、实用疫情查询、防疫知识科普等服务，依托求助超话、募捐渠道和物资信息等，链接起疫情防控资源，整合社会力量来协作抗疫。

互联网平台媒体在释放技术潜能、扩大商业收入的同时，也越来越重视公共传播中的社会担当。疫情期间，快手推出"百城县长·直播助力"活动，联合央视新闻发起公益直播卖货活动等，以井喷式增长的直播电商业态来助力受疫情影响的经济尽快恢复。此前，快手短视频紧扣国家精准扶贫战略，运用直播电商促进消费助农，实现了平台发展与社会公益的有机结合。仅2019年，国家级贫困县在快手卖货人数约115万，年销售总额达到193亿元。

当互联网平台媒体成为多元媒体行动者的传播"舞台"，专业媒体也在平台媒体上持续寻找"聚光灯"。以"短视频+直播"为核心产品思路的"四川观察"抖音号，2020年以来以"最勤奋"的姿态更新短视频，"吸粉"超4000万，成为最具影响力的省级主流媒体视频号。"观观24小时不间断慢直播"提供了账号与用户共情的网络共享空间，巅峰时期观看人次突破2200万。"四川观察"通过有效的资源整合，凭借质量、速度、网感，实现了专业媒体与平台媒体之间的有效对接，提升主流舆论传播的覆盖面和到达率。

总体上看，一场新冠肺炎疫情危机激发不同类型媒体行动者的社会责任和传播潜能，一个由国家政策主导、主流媒体为基础、市场力量参与的现代传播体系初步形成。不难预见，这些多元传播行动者如果能够各司其职，发挥好协作机制，媒体助力国家治理现代化的能量就能得到更大程度的释放。

媒体深度融合进程中的应用新闻传播创新路径

媒体深度融合进程中的应用新闻传播如何创新，从2020年度十大创新案例中可以总结出如下路径：

1. 把握重大议题，强化原创内容的生产分发

自2020年至今，新冠肺炎疫情持续在全球蔓延，我们仍身处这场公共卫生危机之中。突发性、强传染性、时刻变化、全球蔓延的疫情，决定及时获得相关信息对于公众的重要性。媒体聚焦这一重大议题进行事实报道和深度调查，多层次并多角度地呈现富有价值的事实、意义和真相，尽力

满足公众的知情权。

其中，原创内容是媒体形成"1+N"融媒体生产、分发和传播格局的基础。奔赴新闻现场、直击和报道现场对新闻记者来说是一种使命召唤，抵达疫情"风暴中心"的武汉，新闻记者能够见证"方舱医院"的建设，记录医院治病救人的过程，报道百姓经历生死考验的悲欢离合。

坚持原创内容生产，报道才有独家价值，媒体才可能对内容进行收费。这方面，《南方周末》凭借原创、品质的深度报道，持续探索媒体"内容付费"的收入模式，逐渐获得收益和持续发展的活力。《南方周末》在融合转型中探索计量式软性付费墙和知识付费业务，前者目的是实现数字报的商业价值变现，后者则是在主动寻求破圈尝试与业务拓展。"非虚构写作"、"评论写作"、视频"故宫·皇帝的一天"等知识付费产品，受到读者青睐和欢迎。

2. 注重视觉形态，体现主流媒体的公共价值

"无视频，不传播"，内容视觉化已经成为媒体报道的必备形态，消费网络视听内容的群体规模也快速增长。截至2020年6月，网络视听用户规模突破9亿，网民使用率达95.8%。

抗击新冠肺炎疫情报道和传播的视觉形式主要有四类。其一是直播，包括"慢直播"的创新运用。中央广播电视总台运用慢镜头直播雷神山和火神山医院建设、运-20运送军队医护人员驰援武汉、武汉新生儿"小石榴"的成长过程，相关话题频频登上热搜。"四川观察"抖音号推出"慢直播+热点直播"，给网友提供了24小时不间断互动的云空间，打造颇受欢迎的慢直播频道。其二是短视频。长江云对病例确诊、辟谣等疫情关键信息进行碎片化拆条处理，以"直播+抖音""直播+短视频"等方式在各大视听平台分发，为观众提供及时、真实、简要的信息。其三是可视化图表。丁香医生、新浪微博等充分利用疫情数据，推出疫情地图和实时播报服务，提供直观、动态的疫情信息。其四是漫画、海报等其他视觉创意产品。如湖北日报融媒体中心出品《湖北疫情防控4个典型案例》，批评妨碍新冠肺炎疫情防控的犯罪典型案例。长江云联动全国主流融媒体平台推出创意海报"共同'面'对"，号召全国各地的"面"为武汉热干面加油，以此代表全国人民与武汉人民、湖北人民共同战"疫"。

3. 突出情感传播，注重提升舆论引导的实效

从中国应用新闻传播十大创新案例中还可以发现，情感变成特别明显的内容要素和表达形态。新华社的抗击新冠肺炎疫情报道注重运用情绪传播来增强作品的情感张力，实现"关联—代入—共情"的传播效果，如微视频《给父亲一封家书》书写了父子深情，《今天，触不可及的爱，无处不在》记录了夫妻情深。《三联生活周刊》也善于运用个人视角的报道进行情感化叙事，强化代入感，推出爆款产品。

总体上看，情感在重大事件的传播中发挥着越来越重要的作用。在过去的媒体报道中，情感也是存在的，比如客观报道中的人物情感。而今天的报道，在作为事实要素的情感之外，正在强化作品整体的情绪渲染和情感呈现。对此，一方面，我们要有效把握作为整体报道形态中的情感作用，运用这些带有情感张力的报道去吸引和打动读者，激发情绪共鸣；另一方面，要注意避免因为情感的过度放大而遮蔽事实或真相，注意情感处理的度。

4. 坚守专业品质，扩大信息传播的多重功能

报道新冠肺炎疫情这样重大而复杂的公共卫生事件，新闻记者除了要具备基本的新闻采写能力，也需要学习和积累一定的医学专业知识。这方面，作为互联网医疗资讯平台的丁香医生就体现出一般大众媒体所不具备的专业优势。从"丁香园"到"丁香医生"，这一垂直领域的机构媒体生产出大量"有知识、有态度、有温度"的内容。疫情发生后，丁香医生第一个制作出"疫情地图"，随后又推出"每日辟谣"。一篇来自丁香医生的科普文章，文末经常注明文章审核专家、参考文献，其专业权威的知识分享成为吸引读者的关键。疫情发生期间，"丁香医生"还创办"偶尔治愈"产品，聘用职业记者进行深度报道，体现出更强的专业媒体功能和公共服务意识。

疫情发生后，湖北当地农产品出现大量滞销，短视频平台快手推出"百城县长·直播助力"活动，利用县长的影响力"造血式"地帮扶农户销售农产品。同时，还对生鲜果蔬类电商短视频予以流量倾斜，开启"快人一步，助力湖北重启"计划，约有666名主播扶持10万名湖北商家。如果说专业媒体的报道功能更多体现为环境监测和政策传播的信息价值，那

么互联网平台媒体所具有的连接功能则发挥出公益救助和资源整合的服务价值。

应用新闻传播创新案例的总体启示

中国应用新闻传播十大创新案例的评选,既关注新闻或泛新闻内容的生产创新,也关注与新闻相关的技术、产品、分发等环节的传播创新。这些案例经由学界和业界专家提名和推荐评审而遴选出结果,代表着中国应用新闻传播领域的实践前沿。梳理2017—2020年评选出的这四十个创新案例,我们可以获得以下四方面总体启示:

1. 强化融合报道和移动分发

融合报道,表面上看是综合运用文字图像、音视频、数据图表、交互式动画等多媒体介质进行跨媒体叙事,实际上则指向选择最佳方式、呈现新闻内容,即根据新闻事件或议题的特点,选择最适合其时空偏向的手法来进行表现和传播。在做好新闻内容的原创生产和融合报道后,还要主动运用超级互联网平台进行移动分发,实现原创内容从媒体发布到平台扩散、社交分发的持续扩散,同时还要善于对原创内容进行二次制作,以匹配微博、微信、抖音等其他超级互联网平台的传播规律,持续提高作品的覆盖面和影响力。

2. 注重技术变革和创新采纳

融媒体转型是一次以技术创新为引领的媒体变革,既有像浙江日报报业集团"媒立方"这类专业媒体的自我更新,用技术驱动策、采、编、发全流程改革的专业媒体,也有像今日头条这类自"出生"就将技术创新作为核心动力的平台媒体。不同类型的媒体行动者能在信息爆炸和信息过载时代成为特定区域或特定领域信息传输的核心节点,离不开对新技术的拥抱和采纳。总体上看,新媒体技术可直接带来新闻生产和分发效率的升级,如编辑记者可以借助科大讯飞智能语音识别技术快速、准确地获得语音文本,还有封面传媒打造的"封面大脑"、建设的"智能编辑部",中央广播电视台总台创建的"5G媒体应用实验室"等。

3. 强化用户参与和效果评估

当下,越来越多的媒体既坚持机构生产内容(PGC),又鼓励用户生产内容（UGC），更为政府等不同类型机构生产内容提供平台（PUGC）。如梨视频的资讯素材来自全球拍客，经由专业编辑团队核实、剪辑、发布，在吸收海量内容创作素材的同时，又准确触达用户的"身边事"。在日常运营中，梨视频会对拍客进行专业指导，帮助拍客提升资讯敏感度和拍摄质量，由此，众包资讯的生产加上专业人员的把关，使得开放性和专业性有机融合。此外，媒体还要对内容传播和舆论引导效果进行评估，从而建立从生产到反馈的"闭环"，这方面新华网未来研究院的探索值得期待，他们长于数据采集和创新应用，在影剧院等多个场景中进行传播效果评估。

4. 坚守深度报道与公共价值

尽管网络资讯正以海量井喷方式涌现和传播，坚持原创、深度和品质内容的调查生产仍然是媒体职责所在和价值所系。作为第一家拿到原创新闻牌照的新闻客户端，澎湃新闻脱胎于《东方早报》的新媒体项目，延续了《东方早报》对思想和价值深度的追求，成为网络原创新闻的优质供应商；《三联生活周刊》《南方都市报》这类主流新闻杂志或都市报在融合转型过程中，也保持着对原创深度报道的坚守，要么在重大公共实践中常有独家报道推出，要么通过"新闻+数据"的方式探索新型原创内容。一些颇有影响力的自媒体或垂直机构媒体，不仅靠具有公共价值的报道收获巨大流量，也凭借"随机新闻行动"成为网络舆论监督的实践者，获得了大量公众的信任。如引爆舆论的《疫苗之王》就发布于"兽楼处"微信公众号，该报道涉及与公众切身利益相关的问题疫苗，强烈的舆论反响增强了其促进社会治理的社会功能。

结语：应用新闻传播发展趋势前瞻

四年来，中国应用新闻传播十大创新案例的评选促进学界与业界交流对话，给多元传播行动者以激励和对照，也有助于学界拓宽新闻实务研究的对象，提升应用传播研究的理论水平。这四十个创新案例，给我们观察与把握新闻传播的创新实践提供了重要窗口，也有助于我们把握融合新闻传播创新的发展趋势。

1. 主流媒体加大力度建设短视频客户端

据悉，中国短视频用户规模增长势头明显，2020年已超7亿人，预计2021年增至8.09亿人，短视频已成为用户首选的内容接触形式，分别有70.9%和52.3%受访的短视频用户表示使用过抖音和快手，数亿千计的主流媒体已先后入驻快手、抖音等头部短视频平台。近年来，伴随媒体深度融合进程的加快，已经有一些中央和省市主流媒体加快短视频客户端的布局和运营，如中央广播电视总台的"央视频"、浙江日报报业集团的"天目新闻"客户端、南方报业传媒集团的"N视频"客户端等。可以预见，主流媒体在短视频内容生产和短视频客户端运营方面的竞争将更加聚焦于内容创新、技术创新和组织创新。

2. 技术加速影响新闻生产和传播变革

热点追踪、虚拟主播、用户画像、敏感识别、评论监控、数字版权……智能传播技术正在全方位、全流程、全过程地革新新闻生产。同时，隐私泄露、算法偏见、深度伪造、平台操纵、价值偏差等负面问题或风险也逐渐暴露。《2020中国智能媒体使用研究报告》显示，人工智能技术在媒体形式维度的积极影响要显著大于在媒体内容维度的积极影响。未来，媒体仍要坚持技术为内容服务的导向，增强人本主义关怀，实现技术理性和主流的信息价值观。

3. 县级融媒体建设助力传播体系完善

从2018年600个县级融媒体中心建设先行启动，到2020年县级融媒体中心在全国实现基本全覆盖，县级融媒体建设伴随政策红利稳步推进，借助政府部门主导、省级媒体平台统筹、市场力量助推等方式，逐渐找到因地适宜的发展模式。不过，大部分县级融媒体还存在着机制僵化、人才缺位、技术薄弱、资金缺口、影响力有限等问题。当前，县级融媒体建设正在步入提质增优的阶段，解决盈利模式和舆论引导效果是突破的关键，只有真正找准中央提出的"新闻+政务+服务"的多重角色和价值，才能对现代传播体系的建构发挥根基作用。

4. 网络国际传播将成为外宣主渠道

世界卫生组织专家曾指出，伴随着全球新冠肺炎疫情的暴发，信息疫情也大规模暴发，谣言、误解甚至抹黑行为在国际传播领域频繁出现，中国也遭遇到这些挑战和压力。新冠肺炎疫情暴发以来，我国各级政府部门持续召开新闻发布会，邀请医疗专家接受外媒采访，安排主流媒体在海外发声，传播真实声音、传递中国主张。后疫情时代，中国的国际传播能力还需要切实加强，讲好中国故事的实践不仅需要主流媒体、政府部门参与，更需要专家学者、自媒体、网红、在华外国人、海外留学生等多元主体参与，而其网络国际传播的主渠道和主空间应该是全球知名的海外社交媒体平台。

5. 互联网平台媒体的治理是内容监管重点

在线问诊、网络辟谣、直播电商、网上课堂、移动办公……新冠肺炎疫情全面推动线上线下生活的一体化，也深度强化了公众对各种类型互联网平台的高度依赖。可以说，以微信为代表的社交平台、以淘宝为代表的电商平台、以抖音为代表的短视频平台、以美团为代表的生活服务平台，正呈现出基础设施化的特点，连接着广泛多元的社会群体、深度嵌入国家和社会治理。作为内容供应商与平台服务商，互联网平台具有内容聚合、智能技术和用户黏性方面的领先优势，也正因如此，平台垄断、用户隐私、数字劳动、内容导向、数据安全等问题日益突出。自今年以来，国家相继出台一系列针对互联网平台的监管法规和政策，可以预见，未来互联网平台媒体的治理将是内容监管领域的重中之重。

综上所述，重大公共突发事件考验着媒体内部生态与现代传播体系的社会功能，液态新闻业的流动特征又赋予不同类型传播行动者"出圈"或突围的机会。在技术变革日新月异、公共利益价值凸显的网络化社会，媒体从业者和媒体行动者应该继续拥抱变化、积极行动，推动媒体深度融合，探索应用传播创新，为时代、为人民、为国家交出新答卷。

（作者张志安为中山大学传播与设计学院教授、中国新闻史学会应用新闻传播学研究会会长；李嘉晖为中山大学传播与设计学院硕士生）

目录
CONTENTS

01 中央广播电视总台新闻新媒体中心
主题演讲 | 73天不间断融媒体直播《共同战"疫"》 / 2
案例分析 | 总台新媒体：锚定传播基座的立体式抗疫报道 / 14
专家点评 | 沧海横流，方显英雄本色 / 24

02 新华社武汉前方报道团
主题演讲 | 大考之中勇担职责使命　决战之地凝聚决胜力量
——新华社武汉前方报道团战"疫"报道取得积极成效 / 26
案例分析 | 以差异化思维打造精品融媒体产品
——新华社全媒编辑中心抗疫报道的实践与思考 / 29
专家点评 | 倾力战"疫"报道　讲好抗疫故事 / 36

03 湖北日报融媒体中心
主题演讲 | "全"力应战　高速增长 / 40
案例分析 | 党报在突发公共卫生事件中如何守好新媒体阵地
——以"湖北日报"微信公众号新冠肺炎疫情防控报道为例 / 45
专家点评 | "融合、创新"，新型主流媒体的构建与转型 / 52

04 长江云

主题演讲 | 疫情时代的长江云平台化融合与传播 / 54

案例分析 | 长江云平台化融合大直播的实践探索 / 61

专家点评 | 融入社会治理体系的长江云 / 66

05 "四川观察"抖音号

主题演讲 | 让用户重新认识广电机构，找到我们 / 68

案例分析 | "OGC+UGC" "网生化" "人格化" 地方媒体的"出圈"之路

——以"四川观察"抖音号为例 / 76

专家点评 | 媒体融合过程中，创新与守正缺一不可 / 82

06 "新浪新闻"App

主题演讲 | "智能+"赋能传媒新生态 / 86

案例分析 | "智能+"赋能，推动媒体融合 / 91

专家点评 | 技术何以重构传媒生态 / 95

07 《南方周末》

主题演讲 | 在一起，读懂中国

——《南方周末》内容付费工程的想法、做法和看法 / 98

案例分析 | 内容付费时代新闻付费模式探索与策略思考 / 106
专家点评 | 以付费墙探索促进传统媒体升级转型 / 115

08 《三联生活周刊》
主题演讲 | 一本杂志的媒体、产品互联网演进史
——《三联生活周刊》的实践 / 118
案例分析 | 浅析以IP为内核提供知识服务的融合发展之路 / 123
专家点评 | 优质内容是媒体转型成功的撒手锏
——简评《三联生活周刊》 / 128

09 快手
主题演讲 | 直播助力农产品上行，探索消费帮扶新路径 / 130
案例分析 | "短视频+直播"助力乡村振兴 / 134
专家点评 | 快手：从"被看见的力量"到"赋能扶贫" / 139

10 丁香医生
主题演讲 | 丁香医生如何破圈 / 142
案例分析 | 疫情下健康类自媒体传播特征研究
——以"丁香医生"微信公众号为例 / 147
专家点评 | 丁香医生：以专业成就声誉 / 152

01 中央广播电视总台 新闻新媒体中心

从 2020年1月27日起,中央广播电视总台新闻新媒体中心启动不间断直播《共同战"疫"》,连续73天、挺进"红区"477次、原创发稿1039条、累计观看74.75亿次。这场全网时长最长、关注度最高的疫情防控直播,打通线上线下、连接户内户外、同步大屏小屏,不仅有重要信息的权威发布、直面问题的舆论监督,也融合了正能量的暖心故事、助农带货的公益行动。受众、媒介和信息的关系进一步重塑,央视新闻将继续探索融媒体直播的新路径、新样态,将网民的心声、政府的关切、平台的责任、社会的参与,整合成有机生态,形成良性互动,在变局中"构建舆论引导新格局"。

主题演讲

73天不间断融媒体直播《共同战"疫"》

共同战"疫",融媒体直播概况

新冠肺炎疫情暴发后,新媒体平台疫情防控报道攻坚战迅速打响。2020年1月24日农历除夕夜,央视新闻新媒体中心率先派出报道团队挺进武汉疫区,先后累计进入"红区"采访477次,占总台前方进入"红区"采访总次数的43%;原创发稿总量1039条。据不完全统计,原创视频作品90%以上被大屏采用,新媒体阅读量约47.3亿,直播累计观看量74.75亿,微博话题总阅读量108.1亿。

央视新闻新媒体中心同步启动不间断直播节目《共同战"疫"》,从2020年1月27日直播开启到4月8日武汉解封,陪伴大家走过73天。《共同战"疫"》几乎囊括了疫情防控进程中的所有关键节点,为用户提供了一个24小时不间断、直击疫情防控第一线的信息渠道,也成为全网最高时长、最多角度融合、最高关注度的疫情防控大直播。

对于央视新闻,这场直播创纪录之处不仅体现在长度上,还体现在社会各界参与的广度、电视广播和手机端传播融合的深度、报道与媒体共同战"疫"的温度上。

2020年1月27日直播开启,4月8日武汉解封,截至2020年4月9日6时,《共同战"疫"》73天不间断直播和905场单挂直播在自有平台及合作平台的累计观看量为74.75亿,带动央视新闻新媒体用户数增长4530万。新浪微博话题"共同战'疫'"阅读量为108.1亿,吸引了601.5万人次参与讨论。

如果说从前谈到媒体融合,更多是传统媒体应对技术升级的主动思变,那么疫情期间积攒和爆发的用户需求则驱动着媒体融合实践,推进了内容生态和传播格局的深刻变化。

74.75亿的累计观看量，来自《共同战"疫"》在央视新闻自有客户端以及新浪微博、抖音、快手、bilibili等社交媒体账号，长江云、闪电新闻、触电新闻、四川观察等几十家地方兄弟媒体客户端、优酷、虎牙、腾讯云视听、小米电视、创维电视等互联网、OTT（互联网公司越过运营商，发展基于开放互联网的各种视频及数据服务业务）、智能电视平台的全覆盖。此外，《共同战"疫"》的重点场次直播，还在长三角地区城市移动电视网、几十座重点城市的城市大屏，甚至武汉沌口"方舱医院"、雷神山医院病区的智能电视上同步播出。疫情期间，用户、新媒体平台对权威信息、防疫通识、情感陪伴的强烈需求让屏网相连，《共同战"疫"》几乎占据主流互联网平台、新媒体平台首页的核心位置，推动了央视新闻在传播渠道上的深度融合。

疫情暴发后，全国各地共派出数百支医疗队共超4.2万名医护人员驰援湖北，"逆行"战斗。在三八妇女节和第一批医疗队回撤的时间节点，即3月7日、8日和18日、19日的4个晚上，总台新闻新媒体中心《我的同乡英雄》融媒体行动，联动北京、上海、广州、深圳等33座城市的8万块户外大屏投放同乡英雄的海报照片并进行新媒体直播，邀请"画中人"走进直播间讲述"逆行"故事，让每一位逆行者成为城市"夜空中最亮的星"，致敬逆行精神，讲述感人事迹，引发强烈共鸣。4场特别直播共吸引约1600万网友观看。网友们纷纷留言表达心中的感动，为义无反顾地奔赴抗疫一线的白衣战士们点赞，为自己的同乡英雄感到自豪。他们说，"八方来援，你伸出手延续的是生命，是希望"，这些白衣天使们"彰显了巾帼的柔韧与担当"，"愿静待疫散花开，迎接这些最可爱的'巾帼英雄'们平安归来"。网友"桅辛Alisa"留言称："黑暗将过，黎明将至，白衣天使们，你们辛苦了。"网友"特困糊糊神"则点赞本次活动是"我看过最感动的应援"。

74.75亿的累计观看量，体现了央视新闻的持续报道能力和内容生态的整合能力。73天、1752小时、105 120分钟、6 307 200秒，后方是两支导演团队，一天策划、一天直播，持续73天的连轴运转；前方是总台央视记者、央广记者、国广记者、新闻中心团队、CGTN（中国国际电视台）

团队、新闻新媒体团队、海外记者站的深度融合报道。

以新闻新媒体中心前方报道组为例，23人组成的团队在除夕当天开始陆续抵达武汉，不间断报道73天：累计进入"红区"采访477次、原创直播328场、原创视频作品492条、原创微纪录片8集、图文特稿14条、国际锐评6篇。90%以上原创视频作品被新闻频道采用，慢直播、移动直播的新媒体素材反哺大屏，实现了媒体深度融合。

3月25日，在武汉抗疫一线连续奋战50余天后，北京支持湖北医疗队首批返回人员抵达北京西站。新闻新媒体中心派出记者全程直播，相关素材被当晚《新闻1+1》大段使用。

此外，《共同战"疫"》还成为拓展央视新闻内容生态的"加速器"。慢直播、UGC（用户生产内容）直播、PUGC（专业用户生产内容）直播、OGC（职业生产内容）直播、带货直播等直播形态首次参与重大新闻报道，实现了内容生态的深度融合。

疫情期间，大量UGC、PUGC、OGC直播进入《共同战"疫"》的选题。主播中，有寒假回汉的大学生，有帮社区老人买药的"90后"志愿者，有一线援鄂医疗队员，有当地医院的患者和医生。海外疫情严重后，还增加了旅居意大利的华侨、回国接受隔离的在英留学生、在美国医院实习的中国留学生，还有武汉"方舱医院"的手绘师患者、教大家做武汉菜的市民……

随着全球疫情形势的变化，海外华侨华人及留学生的安全受到多方关注。在《共同战"疫"》不间断大直播中开设"全球大直播"板块，搭建对话平台，邀请中国驻美国、英国、意大利等国家大使，以及国内抗疫专家与留学生、华侨华人代表"同框"视频连线交流，在线解疑释惑，稳心态、减压力。节目体现我国"外交为民"的理念，服务性强，受到外交部、驻外使领馆等单位的高度赞扬，在留学生及其家长、华人社团里转发量和观看度超高，取得良好效果。

创新一：长镜头直击最新现场，慢直播提供情感链接

《共同战"疫"》的慢直播见证了火神山、雷神山医院"基建狂魔"式的建设进展，见证了武汉从空城到重启的过程。在《共同战"疫"》融

媒体直播中，慢镜头直播的新闻价值得到了体现。我们用慢镜头独家直播了新一代军用大型运输机运-20飞抵武汉、运送军队医护人员驰援武汉的全过程，成为当日现象级传播，仅在微博一个平台，单场直播的观看量就突破1000万。

图1-1-1　雷神山医院建设直播截图

慢直播也陪伴着武汉新生儿"小石榴"的成长。"云监工""云守护""云看娃"等不仅成为全方位呈现防控进展的平台，还成为网友情感释放的窗口。

由于父母确诊感染，诞生于武汉的"小石榴"一出生就被转入新生儿重症病房。无数网友通过央视新闻的新媒体直播，和"小石榴"的爸爸妈妈一起"云守护"这个可爱的小生命。入院、三次核酸检测、转入普通病房、满月、出院、回家，《共同战"疫"》持续跟踪报道，为他搭建了专属的直播间，和医护人员、网友们一起守护并见证了"小石榴"的点滴成长。福气宝宝"小石榴"也成为广大网友的情感寄托，并多次登上《新闻联播》。网友"@闫晓雨rain"留言："这个宝宝非常有福气噢！向为这次在抗疫一线作出贡献和所有在疫情期间维护社会秩序、默默期待疫情快速消散的人们致敬。"网友"@冥冥注定"留言："宝宝往往意味着新生、娇嫩。守护好新生，呵护好他们的娇嫩，换种方式而言，是否也就意味成功的哨声已经吹响？"网友"@Fly可爱的小天使"留言："好可爱的宝宝，不吵不闹，安静美好，愿你以后'一生被爱，一生可爱，三月拾花酿春，六月流萤染夏，十月稻陌拾秋，腊月丛中吻雪，一年四季，四季美好都赠你'，我们把所有美好的祝愿都给你。"网友"peter"留言："进直播间看直播就喜欢上了，我的宝宝也才4个月，"小石榴"一定要健康快乐地长大，有很多'爸爸妈妈'都爱你呢！"网友"子非鱼"留言："幸运的'小石榴'！虽然出生在至暗时刻，但是拥有那么多'云爸云妈'一起守护，黑暗中的光最是温暖。"

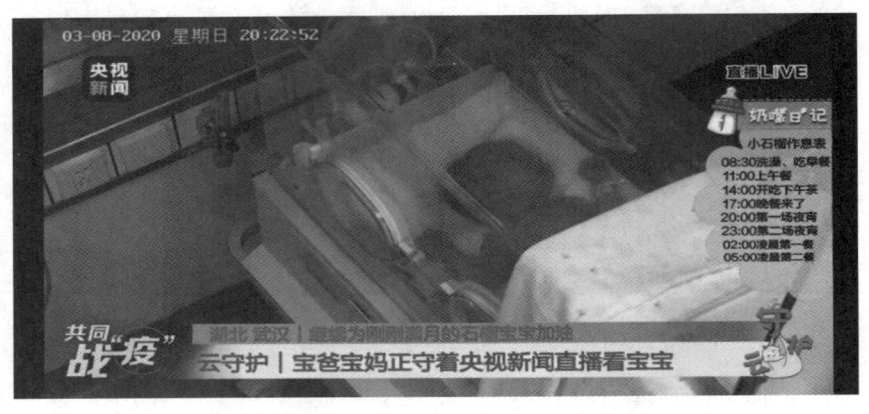

图1-1-2 一起"云守护""小石榴"

创新二：UGC直播，从"我们告诉你们"到"他们自己告诉你们"

在以往，新闻直播连线多通过记者连线对事件进行报道。疫情期间，由于记者人员紧张、防疫物资有限等因素，我们启用了UGC自述的方式，从不同角度扩充信息量，从"我们告诉你们"变成"他们自己告诉你们"，用软性视角让网友看到武汉的真实样子。

在UGC人员选择上，按照疫情发展的时间节点选取不同的人。疫情初期，选取在网络上有分享经验的武汉主播，讲述市民的真实生活；通过外卖小哥、运送物资的司机讲述所见所闻，让网友看到武汉的真实生活动态。在"方舱医院"启动后，联系在"方舱医院"中的轻症患者"绘画小姐姐""考研哥"等进行直播，从第一视角看"方舱医院"的生活。在疫情得到控制的中后期，陆续有康复人员出院。我们连线康复人员做UGC自述，他们说"每顿饭都是幸福"；连线自我隔离人员，让他们分享自我隔离的注意事项。此外，设计UGC连线环节，为象征希望的"小石榴"隔空加油，过满月，如为"小石榴"画画、剪纸、弹琴、唱歌、讲故事等。

后期进入全球疫情阶段，UGC连线也进入国际连线阶段。针对国外疫情首先暴发的意大利，UGC联系在米兰、罗马、那不勒斯、库马约尔四地的意大利华侨、旅意侨胞、中国留学生在线分享当地情况；陆续连线美国、以色列等当地居民，聊聊所在国疫情动态；连线在土耳其、意大利、日本等国的留学生或侨胞，直击疫情最前线情况。

创新三：不停机、伴随式直播，满足用户的多任务在线需求

移动互联网时代的用户，已经习惯同时做多件事，例如，边看剧，边刷弹幕评论，边做自己手头的事。直播需要长时间占据用户时间和注意力，如果只能单一满足用户的资讯需求，很难长时间产生用户黏性。因此，直播制作团队在节目中进行了多任务并存的尝试，在一场节目中，力求让用户得到"资讯+社交+情感共鸣"等多需求的满足。

例如，在三八妇女节、清明节、武汉零点解封、超级月亮等节点上，我们都在一个节目中设计了多任务混合部分，比如"景观+音乐+资讯标题+网友评论滚屏+主持人念抒情叙事文字+主持人与网友评论互动"，这样能保证网友的注意力不断被不同的点吸引，并且产生多次进入直播间、多次互动观看的黏性。

创新四："一屏多人、一屏多能"的连屏模式探索

在节目中后期，我们尝试了多场"多屏谈话类"节目，运用网络会议连线软件，让世界各地的嘉宾在同一个节目中讨论话题，也探索了新媒体谈话类节目在技术上和形式上的可能性。

在《全球宅连线》这场节目中，我们分别连线了来自中国、美国、以色列、阿根廷的四国网友。他们中有人经历了"封城"，有人从北京乘机抵达国外家中，有人已经完成14天的自我隔离，还有人正在定点酒店隔离观察。他们分享宅在家这段时间的感受，以及疫情过去后的愿望，用聊天的形式来讲述疫情下"环球同此凉热"的感受。

图1-1-3 《全球宅连线》栏目直播

在世界读书日当天,策划节目《央视新闻阅读之夜》,云连线五组援鄂医疗队队员家庭、"方舱医院"小姐姐、华中师范大学的"网红教授"戴建业、两位主持人劳春燕和王宁、读书会创始人樊登,向广大网友推荐书单。节目组特别设计了援鄂医疗队回家后和孩子进行亲子共读的环节,网友们纷纷表示"画面幸福温馨"。直播以两位国际友人读书作为结尾,以色列网友高佑思用希伯来语和中文双语朗读以色列作家尤瓦尔·赫拉利的《人类简史》。另外一位国际友人保罗来自意大利,他朗读了林清玄的散文和李白的诗,温暖美好,打动人心。

在节目中后期制作的一系列《大使专家连线》节目,更是将这种"一屏多人、一屏多能"发挥得淋漓尽致。为了回应国外留学生和家长的疑问和需求,每一期节目都会邀请中国驻当地大使、权威防疫专家、当地留学生和华人代表,一起答疑解惑,直面尖锐问题。"留学生到底要不要回国""当地是否对华人有歧视"这些最受关注的尖锐问题都在节目中提出,由大使和专家回应。节目播出后,获得了海外华人界的热烈反响。不少留学生和家长都感谢节目帮助他们解答疑惑、缓解焦虑,并获得了与大使馆求助的渠道。这一系列节目不仅做到"一屏多人"的交流形式,也达到"一屏多能"的效果,实现了传达权威信息、传递关切情绪、解决疑惑与问题等多种功能。

创新五：助农带货，从"新闻报道者"变为"公益引领者"

在疫情得到控制的中后期，我们开始策划助农带货类直播，希望通过倡议网友购买湖北的新鲜农副产品，助力湖北经济。直播环节设计既不同于以往的演播室直播形式，也不同于市场上的主播带货形式，而是更多地把直播镜头对准物品的生产和制作环节，用新闻报道的形式来直播带货。

在《谢谢你为湖北拼单 | 你的外卖洪湖莲藕来了！》直播中，记者直击挖藕现场，带网友看藕的生长环境，记者亲身下泥塘体验挖藕，画面感十足。洪湖市委书记来到直播间现场教网友如何切藕块、做莲藕汤。

图1-1-4 《谢谢你为湖北拼单 | 你的外卖洪湖莲藕来了！》直击挖藕现场

助农直播中，我们不仅关注中小企业商户，还真切关注有困难的农户个体。在《谢谢你为湖北拼单 | 秭归脐橙闪亮登场！》的直播中，镜头则对准了在秭归山里种植橙子的七旬老汉。受疫情影响，湖北宜昌秭归县刘家坝村封村，脐橙销路受阻，橙子卖不出去，当地电商为其开通线上售卖服务。然而苦于橙子没有知名度，线上售卖依然不起太大作用。直播当天，我们连线在果园的老汉，邀网友一起参与脐橙现摘、现切、现卖活动，带网友体验在树上采摘脐橙的情景，教网友用橙皮作卤料煮骨头汤、凉拌橙子皮等。直播结束后回访农户，老汉家囤的脐橙已经在线上销售完了。

直播真正做到了帮助困难的人解决困难的事。疫情期间，全国多地农产品出现滞销，央视新闻先后开启移动直播，探访秭归脐橙、潜江小龙虾、湛江徐闻菠萝等产地，为当地农户带货。4月1日，央视新闻新媒体发起"谢谢你为湖北拼单"大型公益活动，各大电商平台、生活服务平台、社交平台以及大型连锁超市纷纷加入为湖北带货的行列，亿万网友也以下单的形式助力湖北复工复产。4月6日和4月12日，央视新闻新媒体先后推出两场"谢谢你为湖北拼单"公益带货直播活动：央视主播朱广权携手带货主播李佳琦，央视主播欧阳夏丹携手演员蔡明、王祖蓝，助力湖北农副产品销售和复工复产。两场公益直播为湖北带货总额超亿元，并在4月19日国务院联防联控机制发布会上获农业农村部市场与信息化司一级巡视员陈萍点赞："近期，央视主播为湖北带货受到了广泛的关注。我同时也注意到了'小朱配琦'这个组合，社会对其的关注度非常高，带货的效果非常明显。近年来，新零售新业态快速发展，利用网络直播、短视频等形式促进农产品销售已经成为新亮点，补上了传统农产品营销的短板，对于缓解农产品销售难、助力产业发展和促进农民增收都发挥了积极的作用。特别是疫情期间，全国上万间的蔬菜大棚瞬间变成直播间，市长、县长以及乡镇长纷纷带货，还有网红带货，让直播成为'新农活'，让农产品的销售找到了新的出路。"

图1-1-5 湖北带货直播"小朱配琦"场直播截图

由于直播火爆，很多网友都说根本抢不到货。线上抢不到没关系，

"为湖北拼单"的公益行动同步走向线下,潜江小龙虾和秭归脐橙等在物美、永辉等超市门店上市,相关公益倡议海报也在北京、上海、广州等400个城市播放,覆盖全国3820家大型商超、地标建筑、地铁公交、楼宇电梯等处的近90万块屏幕。

创新六:线上线下融合,延伸直播影响力

在疫情暴发之时,央视新闻就相继策划制作多部疫情防范宣传片和海报,第一时间整合社会资源,陆续在全国80座城市52万块数字屏上播出疫情防范宣传片,每日曝光量超1亿次,及时引导公众正确认识疫情,提高防范意识,减少恐慌。

图1-1-6 "我的同乡英雄"相关宣传海报

三八妇女节前后,《共同战"疫"》策划推出"我的同乡英雄"线下活动,敏锐地抓住第一批医疗队回撤的时间节点,即3月7日、8日和18日、19日的4个晚上,联动北京、上海、广州、深圳等33座城市的8万块户外大屏投放"我的同乡英雄"的海报照片进行新媒体直播,让每一位逆行者成为城市"夜空中最亮的那颗星",致敬逆行精神。创新的报道模式,让线上线下、户内户外、大屏小屏一起联动,引发全社会强烈的反响,也为以后的主题宣传报道树立了一种可参考的新模式。

在这次直播中,央视新闻首次将传统的城市户外商业大屏和央视新

媒体直播创新性地结合起来，实现33城8万块屏分地域投放内容、屏网相连。两场媒体行动先后调动了北京、上海、天津、广州、深圳、杭州、福州、厦门、沈阳、大连、海口、三亚等33座城市的宣传部门参与。北京王府井和世贸天阶的屏、福州闽江两岸的楼、广州地铁里的移动电视、乌鲁木齐整个小区楼宇墙体、深圳整条深南大道、天津海河沿线、兰州最高建筑279米的鸿运金茂广场……8万多块当地地标或重点区位的户外电子屏为"我的同乡英雄"亮起，播放本省（市）赴湖北医疗队的部分医护人员照片，其浩大声势震撼全国。整个媒体活动中，户外大屏采用的是分地域投放内容的方式，呈现的是当地抗疫英雄的海报。特殊的海报与对应的直播连线对象贴近当地市民，无形中增强了同城观众的现场感、亲近感、代入感和认同感，进而产生高度情感共鸣和互动需求。在同时间、异空间的环境下，全国各地观众都可以在网上收看相同的直播内容。后续报道还以视频方式登上了央视新闻频道大屏，将分地域精准投放和全国共屏很好地结合到了一处。屏网相连让报道的阵地在线上线下、户内户外、大屏小屏扩展，屏幕、网络、移动端、楼宇……只要有展示面的，都可以成为报道呈现的前沿。

这次"我的同乡英雄"媒体活动，央视新闻新媒体还充分发挥了主流媒体的引领作用，通过前期预热、同步直播、自采、转发新闻等方式对活动进行报道，带动400多家中央媒体及地方媒体参与报道。"多点开花"形成合力，让活动在全国获得广泛关注、广大网民积极主动参与。微博话题"我的同乡英雄"阅读量破13亿，4场特别直播共吸引超过1600万网友观看。网友们纷纷留言表示这是看过的最感动的应援。他们为义无反顾地奔赴抗疫一线的白衣战士们点赞，为自己的同乡英雄感到自豪，"八方来援，你伸出手，延续的是生命，是希望"，"愿静待疫散花开，迎接这些最可爱的'巾帼英雄'们平安归来"。

总而言之，《共同战"疫"》不间断直播成为2020年新媒体报道疫情防控的传播基座，融合了疫情防控报道的方方面面，及时、准确、全面地报道了这场疫情防控阻击战。在此基础上，低延时的移动直播、多人云连线直播技术，催生了全球大使连线、带货直播、线上线下融合报道，以及《我的同乡英雄》等全新新闻直播样态和二次传播的衍生产品。鉴于其传播力、引导力和影响力突出，《共同战"疫"》被评为中央网信办2020年重大主题宣传和重大议题设置精品项目、国家广电总局全国广播电视媒体融合典型案例。

随着5G和人工智能技术的普及，受众、媒介和信息之间的关系将进一步重塑。面临着数字化转型的广电媒体行业正经历着由表及里的融合与变革。未来，央视新闻将继续探索融媒体直播的新路径、新样态，努力将网民的心声、政府的关切、平台的责任、社会的参与，整合成有机生态，形成良性互动，在变局中"构建舆论引导新格局"。

（演讲者王姗姗，中央广播电视总台新闻新媒体中心副召集人）

> 案例分析

总台新媒体：锚定传播基座的立体式抗疫报道

疫情就是命令，防控就是责任。新冠肺炎疫情发生后，中央广播电视总台新闻新媒体从2020年1月27日（大年初三）早上8:00开始，在央视新闻客户端推出24小时不间断直播节目《共同战"疫"》，作为新媒体报道疫情防控的传播基座，及时、准确、全面、立体地报道疫情防控阻击战。截至2月13日18:00，《共同战"疫"》共连续直播394小时，在央视新闻客户端和合作媒体平台总观看量33.1亿，总触达量135亿，微博话题"共同战'疫'"总阅读量65亿，成为全网时长最长、关注度最高的疫情防控大直播节目。

锚定大直播为传播基座，总台新媒体平台抗疫报道向全景式、立体化延伸。既有重要信息的权威发布，也有防控一线的现场直击；既有传递正能量的暖心故事，也有直面问题的舆论监督；既有基础信息的客观呈现，也有重磅评论的导向引领；既有精心打造的微视频作品，也有广泛征集的网友自拍；既有线上专家的权威访谈，也有线下投放的科普宣传。在突如其来的疫情防控阻击战中，总台新媒体守土有责、守土尽责，打了一场漂亮仗。

从"掌心"到"人心"，新媒体直播为抗疫战斗发挥独特作用

互联网推动人类进行新的传播革命，推动我们进入全媒体时代，信息无处不在、无所不及、无人不用。中国互联网络信息中心（CNNIC）第44次《中国互联网络发展状况统计报告》显示，截至2019年6月，我国手机网民规模达8.47亿人，比半年前增长了2984万人，手机网络新闻用户规模

达6.6亿人，占手机网民的78%。随着智能手机和移动互联网的迅速普及，新的信息技术为新闻传播带来了巨大而深远的影响，原有单一、线性的传播形态被颠覆。

在这次阻击新冠肺炎疫情蔓延的过程中，广大民众通过手机获取信息、交换信息、传递信息。而在各种信息混杂的状态下，主流新媒体的权威发布和及时全面准确报道便显得格外重要，对于消除恐慌、纾解情绪、引导舆论、凝聚力量都具有不可替代的作用。基于此，总台新闻新媒体从疫情防控阻击战打响的那一刻起，就自觉担负起主流媒体的责任，克服假期人员严重不足、疫情影响报道工作等客观困难，迅速启动24小时不间断直播《共同战"疫"》并一直连续作战，为网民提供了解抗疫信息的快捷渠道。

（一）连线新闻现场，直击抗疫最前线

2020年1月24日农历除夕夜，总台新闻新媒体中心派出4名记者赶赴武汉报道，这是总台除了驻湖北记者站记者之外到达武汉疫区的第一支报道队伍。1月25日大年初一，央视新闻第二批增援团队的10名记者前往武汉。随后，央视新闻新媒体中心陆续派出精干力量前往湖北武汉报道。

在《共同战"疫"》的"众志成城 抗击疫情"板块，通过连线武汉等地的记者，真实报道各方力量奋战在防控一线，传递一方有难、八方支援的社会主义大家庭温暖。记者独家直击新冠肺炎病例转运过程，探访核酸检测试剂盒车间，让网友全面了解新冠肺炎如何确诊；向网友展示了隔离病房的午餐；上海企业从德国采购并捐赠的数万套医疗防护服将抵达武汉；雷神山医院正在加紧建设；北京地铁也将实施全路网测体温的措施；河北、浙江等地联防联控工作加强开展等情况，表现出抗击疫情，每条战线每个人都在行动的抗疫局面；在"向武汉集结"板块，反映每天各地医疗队都在陆续集结奔赴武汉的情况。

2月4日上午，《共同战"疫"》节目全程接力直播首批患者转运火神山医院安置收治情况；下午，记者到"方舱医院"进行移动直播，详细介绍其紧急救治、外科处置、临床检验等多种功能。截至2月13日，火神山医院收治患者达到1000人，首批7名治愈患者出院。特别节目及时推出《独家直播丨武汉火神山医院首批治愈患者出院》，传递正面消息，提振社会信心。

13日，经中央军委主席习近平批准，军队增派2600名医护人员支援武汉抗击新冠肺炎疫情。9时许，搭载军队支援湖北医疗队及物资的多型军用运输机陆续飞抵武汉天河机场。《共同战"疫"》不间断直播，第一时间独家呈现。直播以演播室串联，以天河机场、火神山医院、接机跟车现场三路信号穿行方式展开，通过新闻中心军事部空镜、地方部记者出镜及新闻新媒体中心记者"追车"，三路信号接力呈现，即时披露首次执行大型非战争军事任务的"胖妞"运-20飞抵及飞离瞬间、空管对话飞行员致谢珍贵录音，第一时间通过字幕，及时发布军队再增援2600名医护人员的快讯，实时回应网友提问。这场直播《抵达！打赢武汉保卫战 军队医护再增援》的微博观看量达1307万，客户端、微博、头条、百家号累计观看超1640万，累计触达超5614万。

除了直播连线总台在武汉一线的记者，《共同战"疫"》节目还发挥总台新媒体矩阵优势，多次联动地方媒体资源及时发起直播，对武汉之外疫情也比较严重的黄冈、孝感、荆州、潜江等地的防控情况进行报道。例如，湖北省鄂州市从2月4日12时起在主城区实行出行管控措施。《共同战"疫"》迅速联系到了鄂州融媒体中心，于13时发起移动直播，介绍鄂州管控措施及现场情况。

这些来自现场一线的报道，体现坚定信心、同舟共济、科学防治、精准施策的疫情防控主题，激发斗志，很好地引导社会舆论。

（二）紧盯核心新闻资源，做好权威发布

疫情防控进展牵动亿万人的心。移动互联时代，公众不缺信息，甚至从某种程度上说，公众很容易陷入信息的"泥沼"而难辨真伪。总台新媒体以权威发布为己任，履行主流媒体职责，为公众提供及时全面准确的信息服务。

《共同战"疫"》节目对国新办、国家卫健委、湖北等重要疫区地方政府的新闻发布会进行全程直播，及时、公开、透明地发布疫情防控信息。截至2月14日12时，总台新闻新媒体平台共全程直播疫情防控新闻发布会82场，向观众介绍疫情防控最新情况。

在"权威连线"板块，央视新闻独家专访权威专家，在线回答网友热切关注的问题。1月31日，其他媒体发布一则"双黄连口服液可以抑制病毒"的相关消息，引发全国各地抢购双黄连风潮。央视新闻严格把关，准确过滤掉这一消息。随后在《共同战"疫"》节目中跟进这一新闻热点，第一时间采访中央指导组医疗小组专家、中国工程院院士张伯礼，通过专家解读来权威辟谣，全网发布《双黄连被辟谣：人命关天的"好消息"一定要准确再准确》和《公众漏夜排队抢购 院士告诉你：双黄连对新冠病毒不具针对性！》两则辟谣信息。

2月13日，湖北省公布新增14 840例新冠肺炎，由于检验标准调整，数据有大幅增加，引起了部分群众的恐慌情绪。央视新闻在发布新增确诊病例信息的13分钟后，及时发布了独家专访中央指导组专家、北京朝阳医院副院长童朝晖的视频，专家从科学的角度解释了什么是临床诊断病例，以及为什么要增加临床病例的诊断，安抚了民众的恐慌情绪。同样，"新闻联播"微信公众号在推送通报的同时，第一时间增加了简要解释，后续也及时推出了权威专家的深度解读，同时在晚间的"主播说联播"视频中做了更通俗易懂的说明，使公众消除恐慌，正确理解数据变化。

（三）传递温暖人心的正能量，助力打赢阻击战

通过前方记者探访的方式，关注病人救治、医护人员、物资保障以及群众生活等情况。以接地气的vlog（视频日志）方式推出《武汉观察》报道系列，让外界了解当地老百姓真实的生活状态；以值班医生日志为内容推出《武汉日记》，纪录疫情进展，使网友快速了解当地情况；以视频图文方式记录湖北普通群众日常片段的《"疫"地来信》，让网友看到最真实的状态和最纯粹的情感。

截至2月14日16时，武汉前方报道团队共发vlog稿件17条，总阅读量2.89亿、总视频播放量1.18亿、总互动量243.9万。微博话题"央视记者武汉vlog"总阅读量达到3.5亿。微博话题"武汉小姐姐每天给医院做饭800份"阅读量12小时内达到1.4亿，迅速登上热搜榜。三期《武汉日记》被选在脸书和推特上推出，回应国际社会关切。

（四）创新推出慢直播，全方位呈现动态进展

推出"慢直播"系列，见证武汉的此时此刻。这里有最新的疫情动态，有最新的战"疫"战报，有权威的防护知识普及，有暖心的战"疫"温情故事。

其中，最受网友关注的现象级直播产品是长镜头直播《火神山、雷神山医院施工现场》。慢直播为网友近距离呈现中国速度，广大网友通过直播可以看到，在武汉火神山医院、雷神山医院的建设工地上，工人们在争分夺秒地日夜奋战。网友自称"云监工"，各种施工设备还被网友分门别类地取了名字，形成线上参与度极高的互动氛围。而据此集结的特稿《武汉观察丨总台记者vlog：十几天建一所医院 中国的"基建狂魔"都是超人吗？》也获得了大量转发，"云监工""基建狂魔"成为网络热词。

从大屏到小屏，媒体融合放大总台新闻资源

习近平总书记2019年1月25日在中共中央政治局第十二次集体学习时指出："推动媒体融合发展，要坚持一体化发展方向，通过流程优化、平台再造，实现各种媒介资源、生产要素有效整合，实现信息内容、技术应用、平台终端、管理手段共融互通，催化融合质变，放大一体效能，打造一批具有强大影响力、竞争力的新型主流媒体。"总书记的重要指示，为媒体融合发展向纵深推进指明了方向。

总台新闻新媒体中心是2019年7月成立的新机构，主要承担总台新媒体新闻报道职能，与新闻中心是"一体两翼"的关系，电视大屏与手机小屏之间，资源共享，优势互补。在这次疫情防控报道中，大小屏进一步加强互动，大量优质内容按照各自特点进行传播，实现效能放大。

新媒体平台推出《央视新闻面对面》栏目，由总台央视主持人董倩对重要人物进行了独家专访，在新媒体平台放大频道品牌栏目的优质内容。其中，《央视新闻面对面丨董倩专访武汉市市长》微博最大在线观看量1073万，在微博、客户端、头条等平台累计观看量1868万，累计触达量9076万。

新媒体对新闻频道《新闻1+1》等节目中的重要内容进行碎片化传播。央视新闻微博开设的话题"岩松帮你问""白岩松连线专家解读疫情"等起到解疑释惑的作用，两个话题总阅读量超过1亿。

2020年2月11日晚，央视新闻客户端与总台央视前方记者密切配合，第一时间发布了记者对钟南山院士的专访《钟南山回应热点议题"潜伏期最长24天"：1099例样本中仅有1例为24天》并及时推送。央视新闻及时

中央广播电视总台新闻新媒体中心

对"新冠病毒潜伏期最长24天"这一热点话题进行了跟进报道,《新冠病毒潜伏期最长24天?钟南山回应》一文阅读量超100万。央视新闻的报道成为全网权威独家信源,引领全网,新华、澎湃、凤凰、腾讯、新浪等媒体纷纷转载推送。

新媒体前方报道团队深入定点医院隔离区采访拍摄,记录医护人员和患者的真实状态,推出《武汉医院隔离区纪实|第一集:信心》,情感真挚,表达平实,传递信心和力量,迅速刷爆网络,发布后短时间内阅读量就超过1100万,众多网友感动留言。央视新闻微信公众号等平台进行二次传播,推送《总台记者深入隔离区真实记录|护士:我不想哭,哭花了护目镜没法做事》等稿件,阅读量迅速突破10万。报道同时被总台央视新闻频道《新闻直播间》《东方时空》选用,大屏节目还视频连线记者,延伸报道在隔离区采访的感受。

湖北省黄冈市卫健委主任唐志红面对中央指导组有关疫情防控的询问一问三不知的新闻在总台央视新闻频道播出后,总台新媒体平台以"快讯+热评+主播说联播"的方式及时跟进,发布消息并配发《热评|谁拿抗疫当儿戏就拿谁开刀!》《战"疫"每日观察|拿下"一问三不知"的糊涂官是必须的!》《主播说联播|李梓萌:不能担当就要问责》等系列稿件,形成强大舆论影响力,发出各级党员干部必须"在状态"的主流声音。系列稿件在各平台阅读量超过1200万,微博话题"黄冈疾控负责人一问三不知"阅读量超过3.1亿。

新媒体平台推出《战"疫"每日观察》10余篇,紧紧围绕中央部署和疫情防控进展及时进行评论,观点鲜明,语言犀利。《国际锐评》《热评》等栏目紧扣热点及时发声,举旗亮剑。这些评论都以不同方式在电视大屏呈现,形成组合拳,在传统媒体和新媒体舆论场上强势发声。

从抗疫到节日,主动设置议题才能有效引领舆论

疫情蔓延令人揪心,却恰逢春节和元宵佳节,如何把握报道基调,既突出疫情防控是当前最重要的工作,又营造安定祥和的节日氛围,这非常考验媒体的议题设置能力。

主动设置议题是主流媒体必须具备的一项重要本领。《习近平新闻思

想讲义（2018年版）》中指出："引导社会舆论走向，关键在于善于设置议题。新闻舆论议题有的是自然发生的，有的是人为设置的。要让我们设置的议题成为社会舆论的焦点，而不是被社会舆论牵着鼻子走。"

在2月8日这个特殊的元宵夜，《共同战"疫"》直播特别节目从18:00到24:00，专门拿出6个小时，以"家人闲坐、灯火可亲，愿一切小别离都有大团圆"为主题，直播全国各地的亮灯景观，同时结合总台元宵节晚会发起话题，吸引广大网友积极参与互动，收到良好的传播效果。

直播特别节目《家人闲坐　灯火可亲》在央视新闻客户端和微博、头条、百家号、快手等合作平台的观看量达1.39亿，微博相关话题总阅读量达3.53亿。在直播时段，新媒体各平台发布稿件19条，总阅读量超8245万。

（一）以温暖鼓劲为基调，直播全国各地灯光秀，营造节日氛围

在这个注定独特而难忘的元宵节，新媒体直播节目《家人闲坐　灯火可亲》在全国众志成城抗击疫情的大背景下，推出灯光秀特别直播，营造别样温暖的节日氛围。

直播以前方记者武汉全城夜景街拍为主线，引入湖北武汉江汉关、武汉长江大桥、孝感电视塔、黄冈遗爱湖、温州瓯江等地实时夜景，体现"一方有难、八方支援"的众志成城的力量，并引入上海市、重庆市、杭州市、广州市、西安市、湖南长沙、河南省、安徽省、江西省等地"武汉加油""中国加油"等灯光秀内容。

没有人头攒动的热闹场景，没有笑语喧哗的喜庆场面，直播节目通过特别设计和精心组织，以绚丽多彩的城市夜景，配上优美的《我爱你中国》弦乐，结合记者沉稳得当、把握有度的现场报道，彰显节目的内在力量，阐释意味深长的节目主旨：元宵节本是热闹的，可疫情当前，平安健康就是最大的福气；元宵节本是团圆的，可多少人告别了小家，奔赴一线，才换我们在家中闲坐。

（二）碎片化传播，多平台分发，设置具有感染力吸引力的话题，引领舆论

直播节目《家人闲坐　灯火可亲》除了在央视新闻客户端和微博平台推出，还被今日头条、百家、腾讯等多家媒体置顶推荐，吸引广大网友观

看和参与互动。同时，央视新闻新媒体结合直播内容，及时提炼要点进行碎片化传播，配发系列反响内容，密集发布19篇文稿。

《这是一场没有现场观众的元宵晚会》依托总台元宵晚会，提拎台下没有现场观众这一传播点，快速形成特稿播发，各平台阅读量达1580万。《"家人闲坐 灯火可亲" 愿一切小别离都有大团圆》《窗外月圆，许下你的心愿》《直播中对湖北、对武汉、对共战疫情中的每一个人说的心里话》《久闭的家门定会被春风敲开》《你为什么感动又为什么彻夜难眠》《"武汉加油，中国加油！" 月圆夜举国情 热干面不孤单！》《数千万网友同观元宵亮灯 为武汉送祝福："你若无恙，我便安好"》等特稿及时把直播中的精彩内容进行碎片化处理，结合网友的暖心留言，进行二次传播。

此外，央视新闻微博主持发起"今天元宵节""家人闲坐 灯火可亲""愿所有美好都能如约而至"3个话题，总阅读量分别为2.6亿、5309万、4003万。

（三）发起"今夜许愿池"活动，吸引网友踊跃互动，凝聚共同战"疫"的力量

特别节目创新设计，在景观直播过程中由记者型主持人画外音念读网友留言，以"家人闲坐，灯火可亲，愿一切小别离都有大团圆"为主题，传递温暖祈福、共同战"疫"的正能量。

微博话题"今天元宵节"，阐述"希望以后的日子都是甜的！武汉，我们都在，一定要加油，快点好起来"引发网友强烈的情感共鸣，讨论量达6.6万，留下许多暖心评论：

网友"CureBo"：所有前线人员的坚守，都是为了以后的团圆，感谢你们。

网友"雨V9"：山川异域，风月同天，岂曰无衣，与子同裳。友情亲情，天涯若邻，非常时期，非常牵挂，敬祝佳节，全家安康。祝福武汉，天佑中华！

网友"冷暖93度"：哈尔滨锅包肉为武汉热干面加油！

网友"政夕"：安徽老乡鸡为热干面加油！

网友"我才是李好文"：陕西凉皮给武汉加油！

网友"赵天天":今天是正月十五,愿所有一线医护人员、政府机关人员、军警科研人员、媒体工作人员、快递外卖小哥、社区和村口等防疫人员,元宵节快乐!你们拼命守护着每座城市,辛苦了!目前最想看到一条新闻:新型冠状病毒成功得到控制,再无人员感染。保护好自己和家人,我们万众一心,共渡难关!中国加油!

网友这些充满温情和力量的留言获得大量点赞,在新媒体舆论场形成共克时艰的强大正能量。

从线上到线下,全方位推动疫情防控宣传

美国传播学者克莱·舍基认为,如今随着用户新闻的崛起,"新闻的定义发生了改变:它从一种机构特权转变为一个信息传播生态系统的一部分,各种正式的组织、非正式的集体和众多个人都存在于这个生态系统当中"。在这样一种新的信息传播生态系统中,新媒体需要通过提供独特价值的专业优质信息产品来赢得用户,从而做好新形势下的新闻舆论工作。

新冠肺炎疫情发生以后,总台新媒体全方位出击,线上线下联动,从用户需求出发创新融媒体产品。从权威发布到科普答疑,从现场直播到独家专访,从知识帖到辟谣帖,做好疫情防控宣传,实现线上线下全覆盖,这就是被网友称作"无处不在"的央视新闻。

央视新闻与国家卫健委合作特别策划制作新冠肺炎防范宣传片,以通俗易懂的表达方式告诉大众如何做好疫情防范工作,并第一时间对接国家移民管理局、国铁集团、东航、南航、海航等单位,已将11部疫情防护宣传片以及16张疫情防控海报推荐至全国公交、地铁、火车站、边检站、户外、机场、高铁站、口岸、商场门店、电梯智慧屏等移动电视和数字终端,在北京、上海、广州、深圳、苏州、厦门、大连等全国80多个城市的40多万块公共电子屏幕,以及3800多万家庭互联网电视中播出,每天播放量达到1.2亿。

1月30日,央视新闻联合百度地图,在"百度地图"App推出央视主播朱广权的疫情提示导航语音,同时制作"共同战'疫' 我们在一起"专题页,上线朱广权疫情防护宣传片,分享《共同战"疫"》不间断直播等内容,在返程期间提醒出行公众佩戴口罩、远离人群,引导用户关注央

视新闻发布的权威信息，提升自我防范意识，减少病毒感染风险。此外，新闻新媒体中心已将最新制作的《朱广权教你如何做好居家隔离的"自我防护"》《主播海霞科普防护》视频推荐至全国已安排播出的移动电视公司，安排在现有公交、地铁等电子屏幕轮播，让科学防疫深入群众。

方言版系列疫情防护视频也开始大范围在线下推广。2月1日，新闻新媒体中心将大湾区之声译制的方言版系列疫情防控视频推荐至广州、深圳的公交和地铁等移动电视数字屏幕轮播。其中，广州地铁在地铁所有车站和车厢视频25 000个电视屏幕，每天循环播放32次；深圳在5000辆大巴车、地铁1、2、3、5号线以及户外电视终端总数超过30 000台的数字屏幕安排轮播。

此外，客户端平台最新上线了《H5｜共同战"疫"实时更新》，结合当前最受关注的热点信息，以"疫情地图""疫情速报""紧急寻人""防疫知识"4个版块实时呈现动态信息。截至2月4日下午5点，该H5（移动端的web页面）在新媒体平台的参与互动量已经超过2091万。

随着全国各地返程高峰的到来，央视新闻提前策划，与搜狗搜索合作制作智能查询类H5产品《你与确诊病例同程了吗？需要尽快隔离》，为出行群众提供疫情防控信息服务。用户只需输入车次或者航班号，就可以看到相关线路的确诊病例相关信息。截至2月2日下午4点，已有超过1500万人次通过这个产品进行查询。

这次疫情是对我国治理体系和能力的一次大考。对于主流媒体而言，如何做好疫情防控报道，同样也是一次大考。我们唯有牢记职责使命，勇于守正创新，方能在大考中交出令党和人民满意的答卷。

（作者陈剑祥，中央广播电视总台新闻新媒体中心主编）

专家点评

沧海横流，方显英雄本色

突如其来的新冠肺炎疫情，无疑是对媒体传播能力的一场大考，而中央广播电视总台新闻新媒体中心组织的《共同战"疫"》直播报道，无疑是一份优异的答卷。

这是一场把主流媒体的中流砥柱作用发挥到极致的报道。从传播时长来看，这场报道持续73天不间断直播，几乎囊括疫情防控进程中的所有关键节点；从传播受众来看，这场报道在自有平台及合作平台累计观看量达74.75亿，新浪微博的话题总阅读量达108.1亿；从传播内容来看，央视新闻报道的内容权威、真实、全面，看了让人安心、让人感动、催人奋进、给人力量，它成为人们疫情期间最重要的信息来源，也是最能凝聚民心的传播渠道。

这也是一场把新媒体的互动、融合、创新特点发挥到极致的报道。权威专家的每一次释疑解惑，多次登上《新闻联播》的福气宝宝"小石榴"的一举一动，致敬逆行者的《我的同乡英雄》里的每一张面孔……新浪微博话题"共同战'疫'"共吸引了601.5万人次参与讨论；火神山、雷神山"方舱医院"建设全过程的慢直播，极大提升了观众（用户）的参与感和沉浸式的体验；助力湖北复工复产的公益带货直播，整合33城8万块屏的联动发布，不仅打通线上线下、连接户内户外、同步大屏小屏，在理念创新、技术创新、资源整合创新的同时，还塑造出全体国民上下同心、患难与共的民族认同感和自豪感。

沧海横流，方显英雄本色。央视新闻在抗击新冠肺炎疫情期间交出的这份优异答卷，促使我们进一步思考，在新媒体环境下、在日益复杂的舆情面前，主流媒体应该承担的角色、能够发挥的传播力，以及可以进一步创新的空间。

（作者徐慨，南京大学新闻传播学院教授）

02 新华社武汉前方报道团

新华社武汉前方报道团在全国抗击疫情的主战场连续奋战90余天，播发各类稿件1万余条，从中国精神、中国品格、中国力量等方面总结提炼战"疫"精神，强信心、暖人心、聚民心、筑同心。全媒编辑中心打破部门分隔，统筹优质资源，制作推出精品，在主题表达方式、人物表现手法、受众共情模式、视觉呈现手段、内容传播元素、产品包装载体、平台分发策略和合作生产实践上，逐渐摸索出一条融合报道的差异化发展道路。

主题演讲

大考之中勇担职责使命　决战之地凝聚决胜力量

——新华社武汉前方报道团战"疫"报道取得积极成效

面对突如其来的新冠肺炎疫情，新华社认真贯彻落实习近平总书记重要讲话和指示精神，在新华社党组的直接领导指挥下，于2020年1月22日向武汉增派记者，在1月25日成立新华社武汉前方报道团，统筹负责武汉、湖北战"疫"报道。报道团全体同志以疫情为命令、以报道为使命，在全国抗击疫情的主战场连续奋战90余天，播发各类稿件1万余条，深入宣传党中央重大决策部署，及时反映疫情发展最新动态，广泛传播疫情防控科学知识，用心用情书写战"疫"一线感人事迹，充分发挥强信心、暖人心、聚民心、筑同心的作用。

全力以赴聚焦核心，强化显政凝心聚力

报道团始终把核心的事当核心的事办，紧扣习近平总书记关于打赢疫情防控阻击战重要决策部署，深入阐释解读习近平总书记系列重要讲话精神，突出宣传总书记关切事，播发《党旗，高高飘扬在防控疫情斗争第一线》《一鼓作气，不胜不休！》《将战"疫"进行到底！》等报道，记录在以习近平同志为核心的党中央坚强领导下，全党全军全国人民奋力投身疫情防控阻击战。与后方编辑部密切配合，完成《在大考中交出合格答卷》等7篇总书记考察武汉的报道，参与制作重磅微纪录片《春到武汉城》《英雄之城》，全网总点击量超10亿，发出抗击疫情最强音。全面响应中央指导组有力指导督导湖北疫情防控，加强湖北、武汉疫情防控权威

信息发布，播发《坚决打赢疫情防控武汉保卫战、湖北保卫战》等各类稿件500余条，最高采用媒体超8200家。

书写战"疫"英雄史诗，铭刻永恒历史记忆

报道团播发重磅稿件《从磨难中奋起——武汉战"疫"凝聚中华民族磅礴力量》，从中国精神、中国品格、中国力量等方面总结提炼战"疫"精神。用心讲好英雄的城市、英雄的人民的故事，播发《武汉，负重前行》《壮哉，大武汉》等报道，全面记录武汉战"疫"壮阔历史。围绕"应收尽收"、"方舱医院"建设、重症治疗、中医药运用等疫情防控关键问题，组织《关键时期的关键之举》等权威独家报道，全方位、多层次展现防疫工作进展成效。重点做好医务工作者先进事迹宣传，播发《拼渐冻生命 与疫魔竞速》等报道，挖掘张定宇、刘智明等典型。突出做好公安干警、社区工作者、志愿者、巾帼英雄、"90后"、"00后"、医院建设者等其他战"疫"群体报道，播发《战斗在党和人民最需要的地方》《赤子之歌》《巾帼英雄战疫魔》等人物群像，彰显战"疫"英雄本色。

创新形式方法手段，打造融合精品力作

报道团依托"新华全媒头条""新华视点"等重点栏目着力打造精品。围绕武汉、湖北解除离汉离鄂通道管控节点，派出多组小分队盯守高速路口、铁路、机场，播发《武汉重启，不负春天》等海报、直播、视频、文图报道200余条，全网浏览量超1亿。多次组织全媒小分队深入"方舱医院"、火神山医院、同济医院等"红区"，推出《与国家同舟 与人民共济》等融合报道，带领受众直击战"疫"第一线。推出《《没有一个冬天不可逾越》》《致敬！身上挂满药袋的人》《"方舱医院"的阅读者》等新媒体刷屏之作，挖掘了"社区买药哥""方舱读书哥""雨衣妹妹""阿念姑娘"等一批广为人知的人物。围绕"方舱医院"休舱、医护人员撤离等关键节点，制作"生命的方舟""生死记忆 回眸之间"等兼具新闻性与创意性的海报30余张，每期浏览量超2000万。

内外并重讲好故事，有力传递中国声音

报道团在海外社交媒体平台推出13集 *Wuhan Today*（《今日武汉》）英文vlog，以第一人称视角，展现武汉病患救治、八方支援、"方舱"建设、核酸检测、送别医护等真实场景，总浏览量超过1亿，互动量逾210万。出镜记者收到来自美国CNBC、英国BBC、今日俄罗斯等知名媒体连线采访邀约，对国际社会广泛关注的中国战"疫"进展发出积极正面的声音。与后方编辑部密切配合，采写《抗击新冠：中国做对了七件事》《武汉新冠病例新增清零鼓舞世界》等英文全媒头条40余篇，讲述中国万众一心、众志成城抗击疫情的故事。围绕海外关注热点，播发《武汉：一座城市的牺牲与贡献》《一杯咖啡的武汉坚守》等"中国聚焦"稿件，被美联社、法新社、英国每日邮报等海外主流媒体广泛转引。

（演讲者钱彤，新华网总编辑）

案例分析

以差异化思维打造精品融媒体产品

——新华社全媒编辑中心抗疫报道的实践与思考

疫情期间，各家媒体纷纷围绕"抗击疫情"这一主题推出全天候海量式报道。如何在这次竞争激烈的抗疫报道中以差异化思维打造与众不同的融媒体精品？在近三个月的实践中，新华社全媒编辑中心从策划源头抓起，打破部门分隔，统筹全社优质资源，精心制作推出一系列精品，并逐渐摸索出一条融合报道差异化发展的道路，形成了八大差异化策略：差异化的主题表达方式、差异化的人物表现手法、差异化的受众共情模式、差异化的视觉呈现手段、差异化的内容传播元素、差异化的产品包装载体、差异化的平台分发策略和差异化的合作生产实践。

差异化的主题表达方式

2020年3月16日至28日，由新华社全媒编辑中心牵头，音视频部、新华网等部门推出《经此一疫》系列短视频，包括"成长""面对""铭记"三个篇章。该系列短视频以全新视角记录了这场抗击新冠肺炎疫情的战斗，在中央新闻单位同类型报道中独树一帜，全网总传播量超过7亿。

《经此一疫》之所以能产生刷屏效应，一个重要原因就在于采取了差异化的主题表达方式。该系列短片避免拔高和说教，聚焦众多平凡个体的生命体验，细腻呈现人物内心波澜，深刻反映社会人生哲理，引发受众感悟、思考、共鸣。三部短片分别让我们看到：成长过程中的烦恼和成长过后的喜悦，面对困境时的苦楚和守得云开见月明的欣慰，平凡的来之不易和不平凡的刻骨铭心。从这个角度看，该系列短片超越了疫情报道本身，在展现全国人民在党中央坚强领导下顽强抗击疫情这一重大主题的同时，也展示了普通个体的温暖、力量，让受众仿佛看到了自己的影子，从而增强了代入感，引发强烈情感共鸣。

其中，《经此一疫·成长》以习近平总书记给北京大学援鄂医疗队全体"90后"党员回信为契机，于3月16日推出。该片围绕"是什么，让你一夜长大"，以第三方视角呈现了"95后""00后"的成长和担当。该片没有刻意让年轻人围绕总书记回信内容谈感想或表态，而是以感人至深的鲜活事例为总书记在信中提到的"让青春在党和人民最需要的地方绽放绚丽之花"提供了富有青春和时代气息的鲜亮注脚。从这个角度看，该片丰富了总书记报道的表达方式，为今后的融媒体报道提供了思路和借鉴。

此外，新华社全媒编辑中心联合北京、吉林、湖南等分社推出的创意音乐视频《因为我们在一起》也是总书记报道表达方式的佳作。该片于3月10日习近平总书记考察湖北和武汉新冠肺炎疫情防控工作之时播发，通过阴晴圆缺的"月相"特效，生动展现了奋战在湖北一线的医务工作者、警察、军人等各行各业从业人员的感人事迹，适时融合习近平总书记在疫情期间调研考察的原声，体现了中华民族在面对疫情时的民族凝聚力和必胜决心。

差异化的人物表现手法

抗击疫情，是为了人民群众，更要依靠人民群众。以差异化手法表现疫情防控阻击战中典型人物的所作所为、所思所想，是全媒编辑中心策划制作重点融媒体产品的一个思路。

2020年2月26日，新华社全媒编辑中心联合摄影部、湖北分社等部门分社推出互动产品《说星星很亮的人，是因为你没见过他们的眼睛》。该产品梳理了新华社近期播发的六张眼睛照片，将这些最美的眼睛放大凸显在读者眼前，并揭秘眼睛背后的感人故事。同时使用新媒体互动手段SVG图（矢量图），实现了点击图片查看故事的互动效果，有效增强了用户的参与感，从而实现了人物报道的差异化创新。

在人物报道方面，不局限于通过典型事例表现先进人物坚韧不拔、敬业奉献等可贵品质，而且通过白描手法表现日常生活中普通人的平凡事，并取得意想不到的效果。3月28日,新华社全媒编辑中心联合湖北分社推出微视频《热干面+"汉骂",这熟悉的日常把武汉人看哭了》,向广大受众呈现了这样的画面:热干面店小小的窗口前人头攒动,外卖小哥争相催促着自己的订单……时隔两个月,隔着屏幕再见这熟悉的一幕,无数武汉人留言,表示自己感动到落泪。新华社记者跟随热干面店店长来到他们的宿舍,真实还原了他们在疫情期间的生活状态,平凡的影像中刻画出一个个平凡湖北人不平凡的一面。

差异化的受众共情模式

引发受众的情感共鸣,才能让产品更具有吸引力、凝聚力、感召力和生命力,从而实现成风化人的传播效果。在抗疫报道中,新华社全媒编辑中心努力让产品贴近生活、贴近受众,努力探索差异化的受众共情模式。

2月26日,新华社全媒编辑中心联合河南、陕西、四川等分社推出UGC创新视频《面对磨难,网友镜头中的幽默与乐观!》,该视频引发广大网友点赞、转发,全网浏览量超5000万。该产品没有集纳记者拍摄的视频素材,而是有效整合快手平台UGC资源,充分发挥UGC内容的多元优势,通过"宅在家的生活新方式"和"坚定信心乐观抗疫"展现抗疫万象,让人"看着看着就笑了,笑着笑着又哭了",从而实现了新华社短视频产品和广大网友内心世界的同频共振,最大限度地激发受众的情感共鸣。

新华社创意音乐视频《因为我们在一起》之所以取得全网播放量4.52亿的传播效果,一个重要原因就是发挥了知名公众人物的正能量号召力。全媒编辑中心邀请知名公众人物来演唱歌曲,他们的微博也及时转发,从而使这部音乐视频迅速传播。由此可见,在传播主流声音时打破思维定式,巧妙运用知名公众人物的影响力,可以让相关融媒体产品在更多受众心中引发共鸣,取得更好的传播效果。

差异化的视觉呈现手段

对于融媒体产品来说,视觉元素是最重要、最核心也是最直观的一种元素,差异化的视觉呈现手段可以让受众摆脱审美疲劳,享受不一样的视觉盛宴,感受视觉元素背后的深邃内涵。

2020年2月6日，新华社全媒编辑中心与黑龙江分社采取"绘本+动画+有声书"的形式，制作融媒体科普产品《这是个秘密》。该产品以"病毒"视角切入科普，将口语化表达与专业病毒防护科普融合，生动形象，通俗易懂。该产品的最大特色在于视觉方面的差异化呈现：精心设计病毒手绘形象，以广受读者欢迎的绘本为载体，进行立体动画包装制作，形成独具特色的视觉效果。病毒面目狰狞、张牙舞爪的形象给广大受众留下了深刻印象，从而加深了受众对病毒危害的认知，强化了受众对防疫知识的掌握。

4月8日，武汉解封，新华社全媒编辑中心联合新媒体中心推出卡通融媒体产品《一起拥抱热干面吧！》。该产品别出心裁，巧用全国各地美食拟人化的卡通形象，以"全国美食拥抱热干面等武汉美食"为主题，制作精简而风格独特的动画短片，带给网友耳目一新的体验。

差异化的内容传播元素

短视频风口上，媒体呈现给受众的融媒体产品往往以视觉元素为主要传播元素，虽然也需要借助声音元素来表现内容、传递意义，但声音元素往往处于从属地位，并不居于主流地位。然而，把声音元素作为首要元素甚至唯一传播元素，在某些情况下可以取得一鸣惊人的效果。

3月9日，新华社全媒编辑中心联合音视频部、国内多个分社共同推出新华社此次抗疫报道中首款以"声音"为主题的系列报道《来自武汉的声音日记》。该报道共20期，以自述的视角讲述了奋战在武汉的医务工作者、志愿者、媒体记者在武汉"红区"、"方舱医院"、重症监护室等抗疫一线鲜为人知的感人故事，突出展现了医务工作者在疫情防控阻击战中坚定而细腻的内心世界。据不完全统计，该系列报道被830家媒体采用，全网总浏览量3.61亿。

现有可视化产品令人目不暇接，"声音日记"之所以得到广大受众的认可，一个十分重要的原因在于：该产品以"声音"为核心，精心打造可听的日记，通过音频报道将感人至深的日记文字读给受众听，解放了受众的双眼，让受众用心倾听、感受，满足受众对故事和人物的接触期待，使报道更贴近受众内心情感需求。此外，"声音日记"这种形式也能够很好地满足视障人群获取信息的需求，为他们了解外部世界、获取精神力量提供了重要渠道。

差异化的产品包装载体

在商场里，即使是十分优质的商品，要想打开销路，受到更多消费者的青睐，也往往离不开"吸睛"的包装。同样，在传媒领域，好的内容要想传得开、叫得响，也需要差异化的外在包装和传播载体。在此次抗疫报道中，全媒编辑中心巧妙运用京剧、相声、方言等元素对产品进行差异化包装，取得了良好的传播效果。

3月1日，新华社全媒编辑中心《声在中国》栏目联合梅派传人推出京剧MV《战荆楚》，通过传统艺术形式与现实生活的有机融合，用国粹京剧将荆楚大地众志成城齐心抗疫的壮阔画卷进行全新演绎，媒体和受众对这一别出心裁的产品给予高度评价。稿件在新华社微信公众号发布后阅读量很快超过10万，在新华社客户端浏览量超过230万。网友纷纷留言点赞，如"艺术助力抗疫，具有无形力量""是为华夏而做，为国士而歌，为新华社大赞""听国粹，扬国威，众志成城，共渡难关"。

武汉解封前夕，新华社全媒编辑中心《国家相册》栏目推出特别节目《武汉"不服周"》，通过中外摄影师镜头下的百年武汉影像，勾连历史与现实，讴歌武汉人民又一次战胜灾难的英雄气概。该节目全网浏览量过亿，学习强国、今日头条等网站平台纷纷转载并置顶。该节目最突出的特色在于打破了用普通话配音的行业"规范"，转而用地道的武汉方言讲述，以"武汉人从来不服周""不信那个邪"等接地气的表述，抒发武汉人的胆气与豪情。有网友评论："武汉味很浓""很有感觉"。

随着疫情在全球蔓延，各种谣言开始满天飞，一些地方出现百姓囤粮现象。对此，新华社全媒编辑中心积极策划，协调天津分社迅速创作了对口相声《别抢了，够吃！》。作品以网红夫妻津味家常对话为蓝本，通过轻松幽默的相声语言，不仅传递了权威部门的声音，而且巧妙地讽刺近30年来曾经出现但事后被证明无益的抢购风潮，听后让人恍然大悟。该产品将严肃的辟谣发布寓于幽默诙谐的相声段子之中，让受众看到了新华社辟谣发布幽默的一面，直呼"痛快""过瘾"。

差异化的平台分发策略

随着抖音、快手、bilibili、虎牙等视频平台的兴起，越来越多年轻人成为这些平台的忠实粉丝，这些新兴平台也应成为主流媒体进入的新媒体传播阵地。然而，每个平台都有自己的内容定位和受众群体。因而，要取得良好的传播效果，就必须遵循差异化的平台分发策略，针对不同平台的特点策划不同的内容产品，真正做到有的放矢。

为配合分餐制宣传，帮助受众远离交叉感染风险，新华社全媒编辑中心针对不同新媒体平台特点，分别在虎牙直播进行直播答疑，在知乎回复健康提问，在抖音和快手进行短视频宣传，在微信朋友圈进行互动H5传播。如此操作使得分餐制这个主题在各大平台都取得最佳传播效果，从而实现整体传播效果最大化。

以虎牙为例，虎牙直播以游戏直播为主，同时涵盖娱乐、综艺、教育、户外、体育等多种内容。据统计，虎牙的"90后"用户超过八成，以大学生和白领为主，用户男女比例为7∶3，用户主要分布在广东、江苏、浙江等沿海省份。由此可见，虎牙用户中相当一部分是发达地区学历较高的年轻男性。由此判断，这些用户更乐意参与历史文化答题类线上活动。鉴于此，4月2日，新华社全媒编辑中心联合虎牙直播推出"朋友请听题"新华社专场"提倡分餐制"互动答题活动。互动答题吸引众多网友参与，最高时段有252万人参与，最终有76.64万人完全通关。特别在出现"钟南山"一题时，万千网友弹幕直呼"钟老男神"，并纷纷转发直播。该互动答题活动是差异化平台分发策略的一次成功实践。

差异化的合作生产实践

媒体与国家机关、企事业单位等通过多种方式的合作实现人才、信息、技术等方面资源的共享，进而共同生产内容产品，已经不是新鲜事。在合作方面，全媒编辑中心大胆尝试，积极与其他商业平台和新兴网络社区进行跨界合作，生产出别具一格的创新产品，得到了广大受众的欢迎。

疫情期间，新华社全媒编辑中心联合著名知识问答社区平台知乎，推出在线短视频产品《新华社×知乎：世界冠军教你在家健身》及系列创意海报"为爱转发！这份《守护者防疫指南》请查收！"，得到受众好评。

《新华社×知乎：世界冠军教你在家健身》契合当时全民居家隔离的现实情况，以世界冠军的权威教学作为亮点。知乎是个知识问答社区，长期活跃着一批知识青年为主的粉丝群体，新华社此次联合作品横跨两个平台，覆盖两类不同人群，提升了产品本身的影响力，也扩大了融媒体报道的覆盖面。"为爱转发！这份《守护者防疫指南》请查收！"把致敬医务工作者、警察等守护者同向这些守护者普及专业防疫知识结合起来，干货满满，具有现实指导意义。

同新兴平台、公司、社区开展内容生产合作，丰富了新华社内容产品的形式，拓宽了新华社内容产品的视野，增加了新华社内容产品的厚度，能够生产出更多符合新媒体传播规律、满足受众需求的创新产品。

（作者滕泽人，新华社总编室全媒编辑中心记者）

" 专家点评

倾力战"疫"报道　讲好抗疫故事

新华社武汉前方报道团,以疫情为命令、以报道为使命,奋战全国抗击疫情主战场,及时反映疫情发展最新动态,广泛传播疫情防控科学知识,用心用情书写战"疫"一线感人故事,发挥了强信心、暖人心、聚民心、筑同心的作用。纵观此次新华社武汉前方报道团,特别突出的亮点在于:

一是顶天立地,传递中央声音,反映人民心声。新华社武汉前方报道团一方面紧扣深入阐释解读习近平总书记系列重要讲话精神的主题,全面反映中央指导组有力指导督导湖北疫情防控,加强湖北、武汉疫情防控权威信息发布;另一方面及时记录全党全军全国人民奋力投身疫情防控阻击战的情景,突出做好公安干警、社区工作者、志愿者、巾帼英雄、医院建设者等其他战"疫"群体报道,挖掘出一批广为流传的人物故事,真实反映了人民的心声。

二是精心策划、大胆创新,内容与技术深度融合。新华社武汉前方报道团依托《新华全媒头条》《新华视点》等重点栏目着力打造精品,推出众多融合报道,涵盖海报、直播、视频、文图报道200余条,全网浏览量超1亿。同时通过海外社交媒体平台推出英文vlog,展现武汉病患救治、八方支援、"方舱"建设、核酸检测、送别医护等真实场景,总浏览量超过1亿,互动量逾210万。

三是联通中外,沟通世界,讲好中国抗疫故事。新华社武汉前方报道团播发多篇重磅稿件,从中国精神、中国品格、中国力量等方面总结提炼战"疫"精神,用心讲好英雄的城市、英雄的人民、英雄的医务工作者的故事,彰显战"疫"英雄本色,全面记录武汉战"疫"壮阔历史。这得到众多国际知名媒体连线采访邀约,向关注中国战"疫"进展的国际社会发出了积极正面的声音。

(作者侯迎忠,广东外语外贸大学新闻与传播学院院长、教授)

03 湖北日报融媒体中心

2020年，湖北先后经历了抗疫、抗洪、战贫、疫后重振等大战大考。湖北日报启动融合调度机制，组建宣传保障团队，投入疫情防控最前线。新媒体平台以"两微一端"、抖音号、快手号、头条号等新媒体矩阵为重要发力点，"一次采集，多次生成，线性发布"。《致敬仁心 感恩大爱》《烟火江城 欢迎归来》等融媒专题报道紧扣抗疫过程的每一个重要节点，记录了援鄂医院队"白衣执甲、逆行荆楚"的感人故事，也为疫后复工复产重振信心。湖北日报秉持平台融合理念，积极探索媒体融合机制，新媒体平台在用户量、影响力等方面皆实现跨越式增长，生动诠释了新型主流媒体的融合创新之道。

> **主题演讲**

"全"力应战　高速增长

2020年以来,湖北先后经历了抗疫、抗洪、战贫、疫后重振等大战大考。在应对这些大战大考中,特别是在抗击新冠肺炎疫情过程中,湖北日报以所属"两微一端"(微博、微信、新闻客户端)、抖音号、快手号、头条号等新媒体矩阵为重要发力点,聚全力打好主动仗,守好主阵地,既有效发挥了主流媒体舆论引导重要作用,也实现了自身新媒体平台的高速增长。

新媒体用户实现千万级增长

2020年以来,湖北日报新媒体平台用户数(粉丝)增长超过2800万。其中客户端装机量净增10%,日活跃用户同比增长3倍;微信公众号粉丝量比上年净增2倍,常读用户占比超过50%,在全国省级党报官方微信影响力排名中居首位;官方微博粉丝量净增14.3%,在全国省级党报官方微博影响力排名中最高达到第2位;官方抖音号粉丝比上年净增14倍多,跃居抖音媒体号全国总榜第3位;官方快手号粉丝量净增4倍;今日头条号粉丝净增10倍。共有67部作品,总阅读量(播放量)过亿,是2019年全年的6.7倍;微信逾10万阅读量作品,是2019年的10倍。

聚"全"力应战彰显媒体责任

新冠肺炎疫情是新中国成立以来,传播速度最快、感染范围最广、防控难度最大的重大突发公共卫生事件。湖北和武汉作为全国疫情防控的重中之重和决胜之地,备受各界关注。

疫情就是命令,防控就是责任。面对严峻的防疫形势,湖北日报作为省委机关报单位，第一时间成立疫情防控全媒体舆论引导工作领导小组，启动战时融合调度机制，组建了1100多人的宣传报道和保障团队，投入全省疫情防控最前线。仅以湖北日报融媒体中心为例，湖北日报融媒体中心主要负责湖北日报新媒体平台发稿、视频及新媒体产品生产，疫情期间，全员在岗，全程在岗，每天24小时坚持全时段发稿。人手紧张时，集团党委及时从其他采编部门调集精兵强将进行增补。融媒体中心和报纸编辑出版中心协同作战，全力对接一线记者，及时编发加工记者和通讯员从一线传回的图文、视频素材，真正做到了"一次采集，多次生成，线性发布"，"全方位、多层次、主体化传播"。

借力矩阵传播成就逆袭

湖北日报疫情报道涵盖了视频、长图、海报、H5、动漫等各种表达形式。除自有客户端外，还借力微信、微博、抖音、快手、头条等第三方平台，最大限度地放大传播效果。疫情期间，湖北日报单篇稿件最高传播量达到3.86亿。

党中央一声号令，全国各省区市以"一省包一市"或"多省包一市"的形式，支援湖北17个市州、林区战"疫"。湖北日报新媒体马上推出"全国援鄂省区市媒体抗疫联动报道"，与各援鄂省区市党报联动，互推稿件展现"白衣战士"在荆楚大地的英雄事迹。共计上线援鄂专题38个，每日互动稿件量百余条，累计发稿量超过2000条。借力全国报道联盟，扩大了报道覆盖面，延长了传播链。

紧扣节奏策划集束传播

抗疫报道千头万绪，前方情况错综复杂，突发新闻随时出现，"点多面广战线长，人少事多任务急"。为了打好主动仗，湖北日报新媒体平台主要着力于疫情信息权威发布，防控救治措施及时跟进，深入挖掘全民抗疫感人故事。重症病房、"方舱医院"、密接人员隔离区的动态，社区防控措施的增强，疫情数据每天的变化，援鄂医疗队的增援行动，离鄂离汉通道重启，城市复苏，抗疫全过程的每一个环节，都是我们关注的重点。

2020年1月22日，武汉宣布关闭离汉通道，全国一片哗然。我们第一时间发布关闭离汉通道信息后，立即请记者从出城高速路口、机场、火车站等地发回报道，安排记者探访超市、农贸市场，密切关注省委、省政府以及市委、市政府的后续保障和救治举措，直播每一场新闻发布会，向读者网友第一时间传递第一手信息。

武汉雷神山医院、火神山医院开建时，我们每天发布相关动态。大年三十晚，解放军第一批救援医疗队抵达武汉天河机场，我们连夜赶制了小视频《武汉别怕，我们来了！大年夜150名军医抵汉》分发到抖音平台。元宵节，疫情还没有明显缓解，为了帮助大家缓解焦虑情绪，提振战胜疫情的信心，我们联络全国200多家媒体一起在微博和今日头条平台上，发起元宵节"为武汉点灯加油"活动。

3月底，援鄂医疗队陆续凯旋。湖北日报聚合海量感人素材，精心策划，倾力打造并推出了《致敬仁心 感恩大爱》大型融媒专题报道。该组报道共包括一个报纸联版、一段精剪视频、一张海报、一个H5产品、一个微博话题、一个全媒体总专题。31份全名单、33篇稿件、31个子专题，饱含深情地记录了援鄂医院队"白衣执甲、逆行荆楚"的感人故事，充分表达出湖北人民对援鄂医疗队员的感恩之心和由衷敬意。

4月8日，关闭了67天的离汉通道重启。湖北日报在客户端推出专题报道《烟火江城 欢迎归来》。疫后重振，复工复产，湖北日报派出多路记者深入上海、浙江、江苏、山东、广东等地，近距离感受湖北老乡的工作生活情况《湖北老乡，你在他乡还好吗？》，呼吁各地《善待湖北人，为湖北搭把手拉一把》。与抖音平台、澎湃新闻等合作推出《湖北重启，"抖"来助力》《为爱下单》等直播活动，线上线下齐发力。

在湖北日报客户端、微信号、微博号、抖音号，我们都开设了"众志成城 共克疫情"专题、话题、合集，集束传播，力求在全平台形成强势传播效果。

突出细节讲好故事触发共鸣

好的新闻报道必须摸准读者网友的兴趣点、需求点，找准情感的共鸣点、情绪的共振点。在疫情最为严峻时，广大医务人员不畏牺牲、逆行出征，投入救治患者的行动中，充分体现令人尊敬的职责精神和置生死于度外的无私奉献精神。我们敏锐地抓住武汉同济医院医生主动写请战书、摁红手印一事，拍下医生穿防护服和在重症病房的工作场景，与请战书镜头剪辑组合到一起，配上《我拿什么奉献给你》的音乐，精心制作成短视频《同济医生请愿参与治疗 "不计报酬，无论生死！" 愿平安！》。该视频一经发布，马上成为爆款，1930多万网友为医护人员点赞。

武汉金银潭医院是武汉本地最早收治新冠肺炎患者的医院，该院院长张定宇身患渐冻症，在如此危难时刻仍选择坚守岗位、冲在一线，着实令人感动。记者到该医院采访时发现这一典型人物后，立即深入采访发回报道。"湖北日报"微信公众号首推《武汉市金银潭医院院长：身患绝症、妻子被感染，抗击疫情最前线奋战30余天》，将其感人事迹写进标题里，同时配发视频报道，视频里特别定格其蹒跚而匆忙的脚步和背影。第二天湖北日报头版刊发长篇通讯《用渐冻的生命托起信心与希望》，由此，医护人员代表张定宇的形象深入人心。

医生胡明在得知自己同是医生的好友不幸感染新冠肺炎时，忍不住流下了眼泪。这是人性的自然流露。《同行倒下了，病人还得继续救！武汉肺科医院胡明得知同行好兄弟感染病危，泣不成声》获得了近1000万网友点赞。

当得知武汉大学中南医院利用ECMO（体外膜肺氧合）的方法成功救治了一名患者后，我们马上发出报道《这真的真的是一个很好的消息！湖北首例！武大中南医院新技术成功救治新型肺炎患者》，帮大家增强战胜疫情的信心。

临危受命的湖北省委书记应勇，到湖北后，首站调研主题就是解决医院病床短缺难题。在湖北省委书记调研活动通稿的基础上，我们连夜加工，将其中的核心信息提炼制作成长图，配上标题《湖北省委书记应勇：建院！增床！千方百计、争分夺秒！》，在全平台分发。很快，该作品仅在今日头条一个平台上的阅读量就达到了1.4亿。

技术赋能创新表达，赢得强势关注

云计算、大数据等技术对新媒体的影响是革命性的，这将从根本上对传媒业的发展产生影响。湖北日报客户端在首页首屏推出疫情数据动态图,每天实时更新湖北各地市(州、林区)疫情相关数据。用户可随时看到每个地市(州、林区)的疫情状况,了解每个地方受疫情影响的程度,了解每个地方的相关信息以及互助方式。

在组织抗击疫情报道过程中,湖北日报新媒体平台除编发大量优质新闻图文外,还创新地结合大量的数字化的位图与矢量图、手机版的竖屏图与横屏图、表格图与长图、彩灯图与九宫格图、特写图与漫画图、海报图与动态短视频图等等,使得传播的动态创意类型与表现力更加丰富。《独自隔离的八个月大宝宝躺在护士妈妈怀里睡着了》《方舱医院"管家们"的十二时辰》等作品借助H5、VR、短视频等技术,归纳和整理图片传播构成要素、基础要素、维度表现等方面的动态创意类型,在新闻传播动态化发展方面进行了有益探索。

(演讲者张小燕,湖北日报融媒体中心主任)

> 案例分析

党报在突发公共卫生事件中如何守好新媒体阵地

——以"湖北日报"微信公众号新冠肺炎疫情防控报道为例

疫情防控宣传,党媒新媒体铁肩担重任

2020年伊始,一场突如其来的新型冠状病毒引发的肺炎疫情席卷中国。这次疫情不仅是对我国公共卫生管理能力的重大挑战,也是对我国新闻媒体报道的一场前所未有的考验。移动互联网时代以来,面对注意力经济下自媒体对传统主流媒体营造的话语空间的极大解构,各地党媒纷纷开启了融媒转型之路。疫情期间,媒体的传统业务——报纸的线下印刷、发行受阻,这无疑进一步放大了新媒体平台的作用。

湖北武汉是这场疫情防控阻击战的主战场,"湖北日报"微信公众号作为湖北省委机关报的新媒体平台,在这次新冠肺炎疫情防控报道中发挥了重要作用。疫情期间,"人人皆媒"使得网络上各种声音此起彼伏,关键信息稍有缺失便会导致谣言滋生和非理性情绪蔓延。

本文以"湖北日报"微信公众号为研究对象,分析其在疫情期间如何做好关键信息的传递、谣言的粉碎以及社会舆论的正向引导,以期对类似公共卫生事件中主流媒体的新媒体报道起到借鉴作用。

研究设计与实施

（一）研究方法

2020年1月19日至4月30日，"湖北日报"微信公众号共发布推文2408篇，笔者从中选取了阅读量为10万+的409篇推文作为统计样本。选择数据分析法和内容分析法对这409篇阅读量为10万+的推文进行统计整理并编码分类，探究其疫情防控报道的模式及特点。

（二）编码分类

笔者按照报道内容对推文进行建立编码类目，并逐一对409篇推文进行编码。将疫情通报类推文编码为"1"，将辟谣、防疫知识科普类推文编码为"2"，将重大决策部署、文件公告类推文编码为"3"，将疫情防控进展、疫情专家解读类推文编码为"4"，将负面新闻通报类推文编码为"5"，将抗疫一线故事报道类推文编码为"6"，将求援救助、正面宣传及祝福类推文编码为"7"，将其他推文编码为"8"。

10万+推文打好新媒体疫情防控战

（一）10万+推文频次分析

笔者通过对2020年1月19日至4月30日的10万+推文的分布频次进行整理统计，生成了如图3-2-1所示的10万+推文频次图。可以明显看到，"湖北日报"微信公众号疫情期间10万+推文在分布频率上总体呈现前期快速增长并保持高位，后期在波动中下降，最终趋于稳定的趋势。其中在1月25日和3月10日前后出现了两次较为明显的峰值。

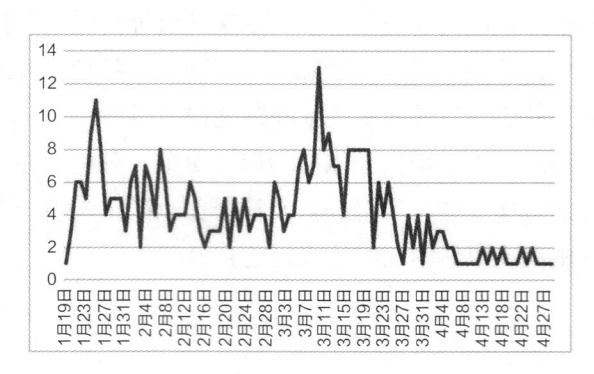

图3-2-1 2020年新冠肺炎疫情期间"湖北日报"微信公众号10万+推文频次

1月20日，钟南山院士在央视采访中明确指出病毒肯定存在人传人现象；1月23日10时，武汉公共交通暂停运营，机场火车站离汉通道关闭；1月23日，武汉市宣布建立火神山医院；1月24日，武汉市宣布建立雷神山医院。从1月20日到1月23日，疫情防控形势出现急剧变化，一系列重大公共议题纷纷出现，公众对权威信息出现了极大的需求。"湖北日报"微信公众号对疫情信息及时披露，对重大决策及时报道，对疫情防控相关信息及时解读，迅速获取了广大受众的注意力。因此，这一期间，"湖北日报"微信公众号阅读量频频上升，10万+推文数量飞速增长，并于1月25日达到了峰值。此后，随着疫情形势的变化，10万+推文数量长期保持较高位间或有小幅波动。

进入2月中下旬，疫情形势好转。3月10日，习近平总书记专门赴武汉考察新冠肺炎疫情防控工作。湖北日报对习近平总书记武汉考察之行的相关报道受到了广泛关注，当天10万+推文达到13篇，其中对习近平总书记武汉之行的相关报道有4篇。随着疫情趋于稳定，10万+推文的数量呈现出下降趋势。

（二）10万+推文内容分析

1. 及时通报疫情信息，保障公众知情权

笔者对2020年1月19日至4月30日的10万+推文按内容进行编码分类后和统计整理，并生成如图3-2-2所示的各类目推文数量图。

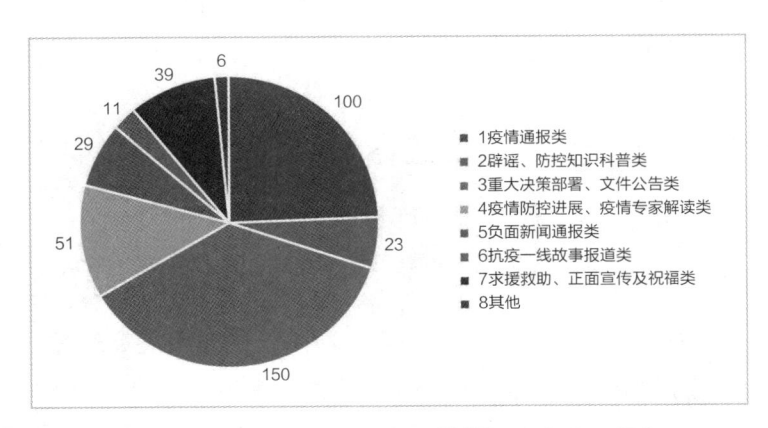

图3-2-2 2020年新冠肺炎疫情期间"湖北日报"
微信公众号10万+推文类目数量分布

可以明显看到,"3重大决策部署、文件公告类"推文和"1疫情通报类"推文分别为150篇和100篇,占据总量的61%。可见在疫情期间的报道中,公众最为关心的信息是疫情信息的及时披露和重大决策的及时公布,而"湖北日报"微信公众号也在第一时间做到这些消息的及时发布。尤其是在疫情初期,疫情信息的不对称会导致公众产生极大的恐惧不安情绪和对自身安危的不确定性,自媒体的泛滥也极易造成虚假信息传播,致使公众对疫情形势出现误判,公众对权威的信息披露有着极大的需求。在纸媒发行受阻的情况下,官方媒体的新媒体平台成为公众及时获取疫情信息的关键渠道。"湖北日报"微信公众号第一时间通报疫情并发布党和政府做出的重大决策,及时填补了公众的信息需求,对安抚公众情绪、缓解公众焦虑、维护社会稳定、指导疫情防控起到了巨大作用。

2. 做好重大政策发布解读,打好疫情防控群众基础

笔者重新筛选出阅读量为50万+的推文并按类目进行计数统计,生成如图3-2-3所示的各类目推文数量分布及平均阅读量图。

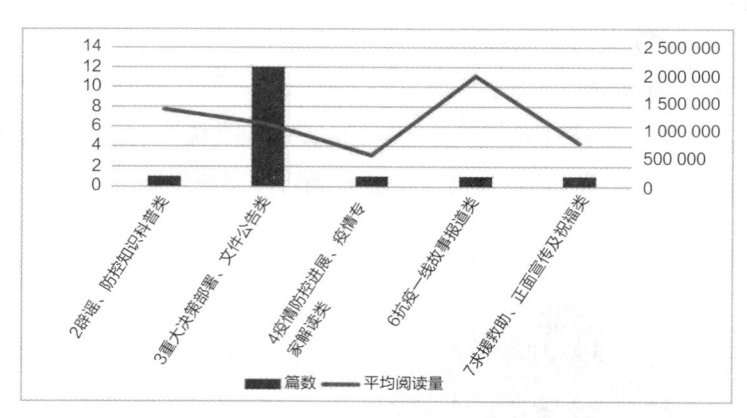

图3-2-3 2020年新冠肺炎疫情期间
"湖北日报"微信公众号50万+以上推文类目数量分布

可见,在阅读量大于50万的16篇推文中,"3重大决策部署、文件公告类"推文有12篇,占据总量的75%,且平均阅读量为1 111 605。疫情发生之后,党中央迅速对疫情防控工作做出了重大决策部署,各级政府也纷纷响应落实各地属地责任,成立疫情防控指挥部。诸如"关闭离汉通

道""小区实行封闭式管理""战时管制""复工复产要求""依靠绿码通行"等重大决策与公众的切身利益、出行需求以及正常生活密切相关，公众对该类信息高度关注。"湖北日报"微信公众号对重大决策部署、文件公告的及时发布起到了关键信息的传递作用，扩大了疫情防控关键信息的公众到达面，有利于公众在全民层面上自觉遵守相关规定，为疫情防控提供了坚实的群众基础，对疫情防控起到了显著的效果。

3. 传递科普知识，及时粉碎谣言，打好人民强心剂

由图3-2-2可以看到，"4疫情防控进展、疫情专家解读类"推文和"2辟谣、防疫知识科普类"推文共计74篇。在整个疫情防控期间，公众实际上处在疫情信息不对称的弱势一方，面对每天通报的疫情数据，公众极有可能对疫情的发展产生错误的认知。尤其在疫情初期，面对急剧增加的病例数据，公众难免会产生强烈的恐惧感和焦虑感。官方媒体、专家对于疫情的权威解读无疑是安抚公众情绪、缓解公众焦虑的最佳途径。官方媒体对于疫情发展的进一步解读也成为公众在接收疫情数据通报后最为迫切获知的信息。

面对一场未知的传染病，公众对于如何进行防范还处于认知盲区，"湖北日报"微信公众号及时对防疫知识进行科普，承担起了提升公众整体防疫科学素养的责任。疫情发生以来，网络上各种声音此起彼伏，一些谣言、虚假信息迅速滋生。部分网民偏听偏信，对政府的公信力产生怀疑，给社会治安的稳定和疫情的防控工作造成了极大的阻碍。"湖北日报"微信公众号迅速对相关谣言进行辟谣处理，引导公众理性地对待谣言，做到"不造谣、不传谣、不信谣"，为公众打赢疫情防控攻坚战注入了一剂强心剂。

4. 正视负面报道，强化警示作用

在对409篇推文进行内容分类时，笔者发现了29篇负面新闻报道，诸如《趁机涨价，重罚！》《防控疫情不力，湖北2地处理9人》《省纪委监委通报6起疫情防控作风不实、履责不力典型问题》等。负面报道以违法不良行为和官员疫情防控不力事件为主。"湖北日报"微信公众号对于该类事件给予了强烈的谴责。该类负面新闻的报道对于遏制哄抬物价行为、强化各地疫情防控力度起到了明显效果，也增强了政府的公信力，体现了党和政府对打赢疫情防控战的决心。

5. 聚焦一线抗疫故事，正向引导公众舆论

由图3-2-2可以看出，疫情期间"6抗疫一线故事报道类"推文和"7求援救助、正面宣传及祝福类"推文共计50篇。疫情期间，"湖北日报"微信公众号通过对求援互助信息的转发扩散，扩大了信息的传播面。众多网友在看到相关信息后，纷纷从国内外各种渠道募集防疫物资，在一定程度上缓解了医疗物资吃紧的情况。"湖北日报"微信公众号在重大公共卫生事件中尽到了媒体的重要责任。通过对抗疫一线医护人员、志愿者的报道，让公众掌握了疫情防控的进展动向，增强了公众对抗疫斗争取得胜利的信心。同时对一线工作人员奉献精神和感人故事的挖掘报道等，在社会形成了强大的正能量场，极大缓解了公众因疫情而产生的恐慌和焦虑感。随着疫情局势的不断向好，该类正向报道也在逐步增加，给予了公众强烈的精神鼓舞，也极大地增强了社会凝聚力。

传播效果守牢疫情防控党媒新媒体阵地

笔者对"湖北日报"微信公众号2020年第1季度和2019年第4季度的推文数量和阅读量进行整理统计，生成如图3-2-4所示的"湖北日报"微信公众号相邻两季度数据比较图。

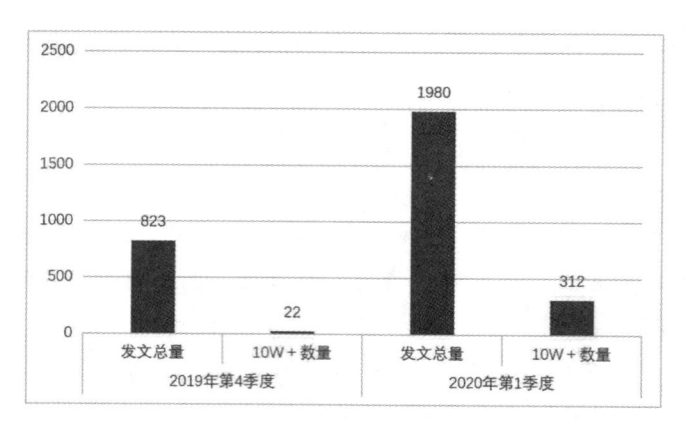

图3-2-4 "湖北日报"微信公众号相邻两季度推文数据比较

由图3-2-4可见，"湖北日报"微信公众号在2020年第1季度发文1980

篇，10万+文章数量达到315篇，占总发文量比例为16%。发文总量较2019年第4季度增加1157篇，10万+文章数量增加295篇，10万+文章数量占总发文量比例提升约14%。

疫情期间，"湖北日报"微信公众号作为湖北省委机关报的新媒体平台，及时回应了公众的重要关切。第一时间通报解读疫情，传递党中央的重大决策部署；及时消灭谣言，唤醒大众的自我防护意识；通报疫情防控不力、哄抬物价等不良行为；发布求援信息、报道抗疫一线故事等。其在疫情防控期间的媒体报道吸引了公众的高度关注，积极正面引导疫情期间的舆论走向，起到了良好的传播效果，可以说牢牢守住了党媒在疫情防控报道中的新媒体阵地。

（作者刘郸，湖北日报融媒体中心编辑；李益民，华中科技大学新闻与信息传播学院硕士生）

专家点评

"融合、创新",新型主流媒体的构建与转型

湖北日报新媒体平台自2020年以来,用户数(粉丝)增长超过2800万,平台所属的官方微博、官方抖音号、官方头条号在用户量和影响力等方面皆实现了跨越式增长。融媒体时代,传统媒体要实现"传播力、引导力、影响力与公信力"的"四力"提升,就必须"融合、创新",积极打造新型主流媒体。湖北日报新媒体平台的建设实践及在新冠肺炎疫情传播中的表现,正是"融合、创新",积极构建新型主流媒体的生动诠释。

融合既是新型主流媒体建设的基础,也是新型主流媒体构建的目标。传统媒体打造新型主流媒体中的融合,不是简单的"互联网+",也不是新旧媒体相互指涉与关联,而是在内容、技术、平台与用户层面的深度混溶。具体来说,在媒体信息传播中,要实现流程再造、渠道为王,做到像湖北日报新媒体平台那样"一次采集,多次生成,线性发布"和跨媒介、跨平台的矩阵传播。在内容方面,要做到差异表达、超细分服务。新型主流媒体要提升引导力与影响力,"服务"是核心。人民日报的"中央厨房"正是基于此理念,将信息内容作为产品与用户需求的"饮食",将用户的多样化信息需求作为媒体品牌提升的关键。

在新型主流媒体建构中,融合与创新如两条螺旋曲线,彼此纠葛、交叉上升。媒体创新,有内容报道形式创新、技术使用创新,但最难的是理念创新与机制创新。湖北日报秉持平台融合的理念,积极探索媒体融合机制,并在突发事件大型报道中得到很好的检验,为新型主流媒体建设提供了一条可供借鉴的创新之路。

(作者余秀才,中南财经政法大学新闻与文化传播学院副院长、教授)

04 长江云

面对百年难遇的新冠肺炎疫情，长江云平台沉着应考：建立联动平台——战"疫"集结号，获得30个省市区、67家媒体、254个端口响应，一省对一市，协同疫情驰援工作；开创广电5G无接触式新闻发布会，以"直播+抖音""直播+海报""直播+短视频""直播+弹窗"等形态，形成湖北战"疫"报道最强音；大数据介入公共危机处理，提供内参68件、省委主要领导批转30多件，处理重点舆情35起，贡献"硬核"力量；建立在线义诊平台，链接全国55 000余名专业医师24小时接诊，累计为170万用户提供在线咨询和心理辅导；成立全国区块链编辑部，开展媒体间"跨越山河大海、击破时空障碍"的云端大型联合报道。

主题演讲

疫情时代的长江云平台化融合与传播

作为来自湖北的媒体，我们今天站在这里，感慨万千。没有英雄的全国人民，就没有武汉这座城市的英雄底气。同样，没有全国媒体的帮助，就没有我们的作为。借此机会，向大家道一声感谢，谢谢你们！谢谢大家！

长江云遭遇的一场大考

面对百年难遇的新冠肺炎疫情，建设四年来的长江云平台迎来一场突如其来的大考。在整个武汉保卫战和湖北保卫战期间，长江云做了很多事情，其中最具标志性意义的是五件事情。这五件事情，起初并不在我们的计划之列，但是这几件事促使我们到今天仍在不断反思：长江云作为区域性融媒体平台，究竟应该走怎样的平台化融合传播之路？这五件事情影响了我们对媒体融合的深层思考，也影响了我们对平台化建设的重新定位。

（一）组建战"疫"集结号

抗疫期间，我们在第一时间依托长江云平台建立起了一个全国性、战略性的联动平台——战"疫"集结号，全国30个省市区、67家媒体、254个端口迅速响应，形成了一个抗疫媒体矩阵。通过这个平台，我们与湖北对口支援省市开展对接，以一省对一市的做法组建14对"战'疫'CP"，以协同互助形式精准保障疫情驰援工作的开展。通过这个平台，我们为全国各省市区媒体在湖北、武汉落地提供帮助。通过这个平台，全国媒体集体策划、联动推出大量平台化报道，据统计，共有重大策划15个、重大主题报道22个，仅长江云平台就发布战"疫"报道265 739条，其中被央媒采用4930条，被商业平台转载3万余条。

一对一模式汇聚的是双倍力量，而"战'疫'集结号"汇聚了全国力量，发挥了强有力的平台传播作用。这个平台至今仍在运转。我们将其打造成一个融合性的示范平台，使其以中国新媒体直播联盟的形式延续下去，为更多媒体提供借鉴参考价值。

（二）开创广电5G无接触式新闻发布会

疫情期间，本土和外界对疫情权威信息的需求量暴增，长江云平台担负起搭建湖北省疫情防控指挥部和国新办在湖北新闻发布会平台，为全球独家提供直播流的重任，我们顺应当前移动传播规律，大胆创新，实现了全球新闻发布史上三个前所未有的突破——

一是首次将广电5G运用到实战中。在疫区封锁、人员调度难、4G传输速度慢等困境下，长江云紧急联动国家通管局、国家广电总局、中国广电网络、湖北广电网络、华为等单位，用72小时"战'疫'速度"完成设备从北京启运到发布会现场基站安装评估的所有环节，用5G急速传输的方式第一时间满足了全球范围内对新闻现场的流量需求。

二是首创发布会线上无接触采访。出席新闻发布会的嘉宾和记者大多来自"红区"，给现场带来一定风险。为此，我们紧急搭建起远程视频互动平台，实现记者线上报名、远程提问的场景，世界各地的媒体记者一部手机就可以直通现场。整个战"疫"期间，我们累计完成湖北省防控指挥部召开的新闻发布会140多场，国新办在湖北的新闻发布会10场，形成了湖北战"疫"报道最强音。

三是创新新闻发布"直播+"形态。隔离期间，群众对疫情新闻的需求呈现量大、真实、多元形态等特征。为适应移动传播特点，长江云紧急组建编辑小组进驻发布会现场，以疫情关键信息（确诊、辟谣等）为重点，现场碎片化拆条制作，以"直播+抖音""直播+海报""直播+短视频""直播+弹窗"等形式，及时报道有价值、有社会敏感度的疫情新闻。"直播+"模式依附移动终端，利用数字化、移动化、交互化传播体验，加速传播速度，扩大传播效果。

（三）平台大数据介入公共危机处理

长江云自主构建的大数据中心通过科学化、规范化信息调取，为群众提供求助服务，通过疫情专报，为省疫情防控指挥部提供决策参考，为中央指导组和省委、省政府研判决策提供科学依据。战"疫"期间，长江云大数据中心提供《长江云舆情》271期、《疫情专报》208期，成为湖北省疫情防控指挥部每天不可缺少的数据。在此基础上，为省委领导提供内参68件，省委主要领导批转30多件，处理重点舆情35起。省委常委、常务副省长黄楚平同志批示说："长江云发挥大数据技术优势，精准有效开展信息服务和宣传引导，为抗击疫情贡献了'硬核'力量！"

（四）建立在线义诊平台

疫情期间，各大医院一床难求。我们心急如焚，想尽千方百计，希望为群众解难、为医院减负、为省委分忧。我们紧急与腾讯高层沟通，微医及时响应，紧急召回在家过年的技术人员，迅速帮助我们搭建起抗疫义诊平台，向全国提供医疗线上服务。来自全国55 000余名专业医师24小时在接诊，累计为170万用户提供在线咨询和心理辅导，访问量1.3亿。同时，疫情期间，长江云TV精选优质教育内容免费上线，建立覆盖中小学全龄段、全科目的湖北中小学教育平台，日均访问量超过百万。

（五）成立全国区块链编辑部

长江云联合北京、江苏、山东等首批12个省市的主流新媒体单位组建全国首个云上新闻编辑部。我们充分利用各家媒体的资源优势，运用5G传播、AI（人工智能）、异地全息投影等新媒体传播技术，开展媒体间"跨越山河大海、击破时空障碍"的云端大型联合报道，并充分发挥"区块链"共享、共融、共赢的技术运营精神，充分展示全国各地在"疫后重振进行时""决胜全面小康、决战脱贫攻坚"等方面取得的重要进展和突出成就。

平台化建设需要突破局限超越自我

长江云全称是长江云移动政务融媒体平台，是一个区域性移动传播的融媒体平台，由省委、省政府主管，省委宣传部主办，湖北广播电视台承办，湖北长江云新媒体集团联合全省市县融媒体中心共同承建运营。它的建设过程是一个自我革命、不断突破传统思维模式的过程。

2014年，在习近平总书记"2·19"重要讲话的第十天，湖北广电迅速组建了长江云新媒体集团。2016年2月29号，湖北省委作出决定，在长江云新媒体云平台的基础上，建设覆盖全省、功能完备、互联互通、运行通畅的长江移动政务云平台。为此，省委先后下发了11份与长江云平台建设相关的政策文件。在长江云平台建设过程中，中宣部高度重视，中央政治局委、中宣部部长黄坤明同志亲临现场指导，中宣部副部长徐麟同志两次到长江云调研指导。中华全国新闻工作者协会、中国传媒大学、湖北省委宣传部召开长江云研讨会。人民日报两次在头版头条肯定长江云的媒体融合"湖北模式"，央视新闻联播、新华社、中国之声对长江云也进行集中报道，给予支持。

长江云新媒体云平台之所以能够引起重视，并被上升为省委战略，是因为长江云平台部署回应了当下意识形态领域急需解决的两个难点：一是快速占领新媒体阵地，二是有效提升管控能力。

更重要的是，它体现出来的媒体融合机制具有先天的开放性，也就是三个突破：一是它突破了单个媒体的局限，不只是湖北广电自身的媒体融合，更是湖北省区域的媒体融合；二是它突破了单一媒体的局限，不只是广播或电视媒体融合，更是广播、电视、平面媒体、政府网站等所有媒体的整体性融合；三是它突破了单纯媒体的局限，是媒体与政务、社会资源的融合。

这种开放性，决定了它在建设过程中的包容性。具体体现为三大创新：

一是定位创新。湖北省委对长江云平台的融合定位是"新闻+政务+服务"。这个定位使长江云突破了单纯的新闻宣传，具备多媒介资源、全生产要素有效整合的综合平台功能。

二是技术创新。一般情况下，每一个客户端都要开发一套独立的后台，后台打通使多个产品能够共享一个后台，实现客户端快速复制，做到一键推送和删稿。来自各级媒体、党政部门、用户的信源在融媒体生产平台生产后进入云稿库，通过共融互通的长江云生产平台，实现了一次采集，多样编辑，多种产品，多端分发。长江云平台的整体设计方案有271页，对每一个功能模块制定了非常精确的标准，保证了平台建设的规范、有序、可互联和可持续。这一设计也成为《全国县级融媒体中心建设规范》的设计蓝本。

三是机制创新。长江云平台化融合的核心是"共建共享",其建设机制可以概括为三个词:统一建设、分级运营、利益共融。我们以"一级一地一端"模式,云上客户端统一规划、统一设计、统一命名,但品牌归当地所有。云上客户端实行属地管理,运营主体由当地党委政府选择决定。内容版面编排、发布运营、三级审核由各运营主体独立负责,32个功能模块由各地自主选择配置,各地可以自建特色频道。比如根据潜江定制小龙虾频道,打造特色产业,各单位在云平台上可独立经营,收入归己;也可以合作运营,利益共享。

冷思考,再出发:长江云平台化传播的可期未来

长江云平台建设至今,已累计完成9次阶段性产品版本升级,完成了318项功能需求和86项客户端功能优化,其着眼点在平台自身的发展与状大和媒体融合的深层次挖掘。中央第十四次深改会议召开,赋予媒体融合深度发展以新的内涵,平台化建设必须全力融入国家和社会治理体系之中,经历了战"疫"大考的长江云平台需要冷思考,再出发。

目前,我们正在努力推进长江云平台二次升级,把县级融媒体中心生产系统、新时代文明实践中心管理系统、大数据舆情监测系统进行迭代,有效整合三大技术支撑系统,把信息化的管理手段融合到区域管理、运营和发展中,加强区域社会治理能力和水平。

(1)县级融媒体中心建设。省委将长江云平台确定为湖北省县级融媒体中心建设唯一支撑平台。在全国县融标准的基础上,我们出台了《湖北省县级融媒体中心建设工作指引》,自我加压,对国家标准再升级。疫情期间,我们的部分内容和应用打通了长江云、湖北广电网络、IPTV三大平台,实现大小屏联动。我们正在积极推进"云上高校""云上国企"的建设。"云上东风"客户端即将上线。

(2)新时代文明实践中心建设。在长江云平台4年集成全国各大优秀技术基础上,在不断迭代升级中,我们凤凰涅槃、浴火重生,逐步拥有了一支敢于创新的自有技术团队,组建起了自己的产品研发中心,自主研发的新时代文明实践平台被广泛应用。我们希望这个平台能够发展成为全省新时代文明实践中心和志愿服务的支撑平台,助推"两个中心"建设深度融合。

（3）大数据平台建设。湖北省网信办将应急共享平台建设的任务交给我们，省委党校在长江云设立了问政体验课堂，所有的学员都要到这儿上一堂问政课。由我们制作的湖北省县域和省级传播指数榜单已经发布两年，正在形成影响，我们一定会坚持下去，希望助推省域现代文明治理"湖北模式"的建设。

长江云开启高校融媒合作新篇章

2019年教育融媒体建设试点工作推进会提出，要主动顺应信息技术发展及传播方式的深刻变化，加强机制创新、流程优化，打造集统筹调度、融媒发布、舆情应对、政务服务、公众互动等功能于一体的统一平台。长江云作为湖北省县级融媒体中心建设的省级技术平台，进一步结合高校实际，探索新时代教育融媒体发展路径，以建设高校"主流舆论阵地、舆情集散中心、校园服务平台、学习实践基地"为目标，开展和高校合作共建融媒体中心和教学实训平台。

一是建设"云上高校"移动端统一阵地。我们将大数据、云计算、人工智能等技术充分运用到高校新闻宣传工作中去，重新定位高校融媒体中心发展，把高校媒体的思想政治性与服务性、娱乐性、互动性有机统一起来。

二是统筹"融合生产"和"全媒传播"。整合高校宣传部和自媒体平台资源，建立适应媒体融合的体制机制，促进跨部门、跨院系交流，调整不适应融媒体运行和发展的组织机构，形成合力调配资源，实现高效生产和多渠道传播。

三是培养融媒体时代"全能型"人才。积极利用5G等新媒体技术，加强课程实践教学，建构云端教学课堂，将"人才培养"与"社会需求"紧密结合。

我们近期计划以中南财经政法大学为试点共建融媒体教学实训基地，并和华中师范大学合作探索高校思想政治教育平台建设，在互补中实现人才培养、技术服务、科研成果转化全方位的一体化链接，探索业界与学界跨区域合作的新路径。

习近平总书记指出，媒体融合发展不仅仅是新闻单位的事，要把我们掌握的社会思想文化公共资源、社会治理大数据、政策制定权的制度优势转化为巩固壮大主流思想舆论的综合优势。媒体融合不仅仅是新闻单位的事情，甚至也不仅仅是各地党委政府的事情，它是一个需要全社会参与的系统工程。未来，长江云将进一步发挥平台优势，推动省内媒体融合工作向纵深发展，为提升全域基层的治理能力和治理体系的现代化提供助力。我们在路上，我们将继续努力！谢谢大家。

（演讲者邓秀松，湖北长江云新媒体集团总编辑）

案例分析

长江云平台化融合大直播的实践探索

中共中央办公厅、国务院办公厅印发的《关于加快推进媒体深度融合发展的意见》提出，支持有条件、有实力的主流媒体，打造自主可控、传播力强的新型网络传播平台，不断增强网络平台聚合能力。这也为湖北长江云平台的升级和发展提供了强大政策支撑。2016年起，湖北省委、省政府大力推进长江云平台建设，并把长江云确定为全省移动政务融媒体平台。建成运营四年的长江云，以"新闻+政务+服务"为定位，构建起覆盖全省、联动全国的区域性媒体融合传播平台。长江云是全省县级融媒体中心的唯一技术支撑平台，更成为全国县级融媒体中心的建设蓝本。

本次在济南召开的第三届中国新媒体发展年会的主题是"5G时代短视频与直播的发展机遇"，高度契合了当下媒体融合发展的需求。5G为视频直播拓展出巨大发展空间，更为聚合用户、做强做大新型互联网平台提供新的契机。用平台化传播来提升长江云的传播力、影响力，一直是我们的首要目标。跨媒体、跨区域融合大直播，是我们探索的重要路径之一。跨媒体、跨区域融合大直播是基于多媒体联动、大屏小屏联通、广播电视受众与互联网用户共享的新型平台化传播形态，是精准传播与大众传播的完美结合。与单一媒体常态化直播不同的是，融合大直播需要平台的支撑、广阔的视野、开放的格局，聚焦大事件和公众关注的热点，打通不同传播平台，扩大传播渠道，放大传播效果。

建立和完善长江云平台融合传播架构

融合传播必须有强大的支撑平台。长江云一直致力于建构管得住、用得好的省级区域性媒体融合平台，聚合省内，联通全国。

第一，一体化布局源、云、管、端。长江云平台把多媒介资源、全生产要素进行有效整合，将各类信源汇聚到平台云稿库，实施内容产品的融合生产和多终端发布，具备一键删除、全流程管控能力。长江云的广电基因，决定我们在音视频内容产品的生产、融合传播上的相对优势。

第二，互联互通全媒体矩阵。依托长江云平台，建设运行120个"云上系列"客户端，覆盖全省所有市／州的广电媒体、县级融媒体中心和省直厅局，形成湖北广电矩阵、市县媒体矩阵。与央媒紧密合作，与30多家省域媒体建立联盟，借力商业平台，形成全媒体互联互通格局，夯实平台化传播基础。

推进平台化融合大直播的实践探索

有了融合的技术平台，还必须有平台化融合传播的思维，即内容传播必须立足于全平台、全媒体传播，把一个新媒体产品进行多形态多渠道发布。长江云围绕大事件、大主题的直播进行了不同的探索。

（一）全国首创广电5G直播无接触式新闻发布会

武汉曾经是抗击新冠肺炎疫情主战场。长江云承担搭建湖北省疫情防控指挥部和国新办在湖北的新闻发布会平台，为全球提供直播流的重任。长江云首次将广电5G运用到实战中，用72小时抗疫速度，完成设备从北京启运到发布会现场基站安装评估的所有环节，准时实现发布会广电5G全球直播的工作目标。出席新闻发布会的嘉宾大多来自抗疫一线的"红区"，给现场带来一定风险和隐患。为此，我们紧急搭建起远程视频互动平台，实现记者线上报名、远程提问的场景应用，国内外媒体记者一部手机就可以直通现场。于是，长江云又首创出广电5G直播无接触式新闻发布会这一新模式。抗疫期间，我们累计完成湖北省防控指挥部召开的新闻发布会125场、国新办在湖北的新闻发布会10场，为全球媒体准时提供现场直播流，分发渠道覆盖国家级媒体及省、市、县三级媒体和重量级商业媒体近200个端口，单场观看人数就有2000万—5000万人次。通过无接触式新闻发布会，发出了湖北抗疫报道最强音。"广电5G直播新闻发布会"已经成为长江云开拓政务资源的品牌和利器。

(二)大事件联动直播

2020年夏天,长江流域遭受大面积的暴雨洪水侵袭,受灾严重。7月15日,长江云联合华龙网、天目新闻、红网、荔枝新闻、赣云、中国蓝新闻、看看新闻等长江沿线7家媒体,跨省联动,推出《洪峰过境,渝鄂赣联动看长江》120分钟大直播,全景报道最大一次洪峰过境时长江沿线城市的抢险救灾实况。直播第一站为重庆渝中区朝天门水文站,为长江、嘉陵江两江交汇处,由华龙网记者参与直播,介绍了当地的水文情况。第三站在江西湖口县,由浙江日报天目新闻记者参与直播,拍摄了江西段武警官兵紧张筑堤抗洪抢险的画面。第二站、第四站的直播地点是武汉,由长江云兵分两路参与直播,一组乘坐巡逻艇,在长江江面进行直播,查看长江水文情况;另一组则在湖北水利厅水文水资源中心,采访专家,对此次汛情进行解读。四组直播无缝衔接,全程配合默契。直播获央媒、斗鱼、新浪、今日头条等平台同步推荐,登上微博直播实时热搜榜第2名。

长江云利用平台优势,联动长江水利委员会、省直厅局、云上市州、舆情监测等多方资源,上线新媒体产品《湖北防汛地图》。江面和高空的"长江之眼"720度全景直播、江河湖库水文信息实时更新、市州动态一键跳转、新闻资讯同步集纳、汛情险情舆情独家报料。《湖北防汛地图》在长江云客户端、平台120个"云上系列"客户端、长江云TV(湖北IPTV)同步推送。一图在手,防汛抗灾好帮手。于是,这一新媒体产品做到"四有",即有信息、有看点、有用处、有效果。

(三)媒体联动慢直播

2020年国庆中秋长假,长江云联动长江流域的四川、重庆、江西、安徽、江苏、浙江、上海等地共8家媒体及湖北电信(5G),推出特别节目慢直播《国庆云打卡 长江慢时光》,聚合20路慢直播信号,8天×24小时无间断直播。20路慢直播信号覆盖成都城市商圈、重庆朝天门、南京河西CBD、南京朝天宫、杭州西湖断桥、上海外滩、南昌八一大桥、合肥天鹅湖公园、武汉长江大桥、黄鹤楼、武汉两江四岸、三峡大坝、鄂州江上观音阁、恩施大峡谷、武当山金顶等众多景点。

一屏在手,长江漫游。慢直播运用"云导播"技术,主屏直播镜头每60秒自动切换一个直播点,20路信号分屏呈现。用户自由点击观看,足不出户就能游览长江沿线风光——重庆朝天门、武汉两江四岸、南京秦淮河、杭州西湖、上海外滩等。俯瞰城市从日出到月落，从寂静到繁华的时光流转，在家享受到了一场"旅行+视觉"的精彩盛宴。长假8天，全网1685万人"云打卡"最美长江岸线。小屏联动大屏，湖北省内10路信号——三峡大坝、武当山、武汉江滩等接入长江云TV，"云游最美湖北慢直播专区"点播观看人次有150多万。

（四）扶贫公益大直播

决战决胜脱贫攻坚战是全党全国人民的重大使命，助力脱贫攻坚是主流媒体应尽职责。近几年来，长江云联合各大电商平台开展了系列扶贫公益大直播。2018年的《百天千万扶贫大直播》，5000万免费广告宣传、100多场全媒体直播、总点击量2.2亿人次、总销售额1.3亿元，斩获中国新闻奖。助力疫后重振，长江云发起"搭把手，拉一把——湖北爱心助农公益行动"，社会知名人士、县市书记市长、知名广电主持人、网红主播等纷纷走进直播间，直播100多场，累计点击量过亿人次，销售额过亿元。

（五）探索"直播+"组合传播

在精心策划推出融合大直播的同时，长江云十分重视常态化直播。长江云、湖北广电20套频道频率、120个"云上系列"客户端互联互通，新闻事件、政务服务、商务合作、公益服务四类的跨媒体直播月均100场。每场直播力求通过"直播+"的组合传播，实现二次开发，即"直播+短视频""直播+系列海报""直播+弹窗""直播+深度报道"等。利用移动化、交互化传播，扩大传播效果。长江云正在成为湖北省域媒体融合传播的新型枢纽平台。

再思考再探索

《关于加快推进媒体深度融合发展的意见》的公布施行，说明新型网络传播平台建设步伐必将加快，平台化建设也必将融入国家和社会治理体系，这也正是我们媒体融合发展的切入点和重大机遇。

目前，长江云正在努力推进长江云平台二次升级，把县级融媒体中心生产系统、新时代文明实践中心管理系统、大数据舆情监测系统进行迭代，有效整合三大技术支撑系统，把信息化的管理手段融合到区域管理、运营和发展中,提高区域社会治理能力和水平。同时,继续推进基于5G应用场景的短视频和直播产品的创新与实践。通过平台化建设升级和融合传播创新,把长江云打造成真正传播力强、影响力大的区域性新型传播平台。

(作者李登清,湖北长江云新媒体集团副总经理;马丽,湖北长江云新媒体集团视频创意部主任)

> **专家点评**

融入社会治理体系的长江云

何以响应十八大以来党中央关于新闻舆论工作一系列重大战略部署？何以解决意识形态领域的痛点？何以回应社会关切的热点？何以解决媒介深度融合的难点？长江云所开创的"湖北模式"给出了答案，做出了示范。进而言之，长江云构建的"湖北模式"有效提升了传统主流媒体的传播力、引导力、影响力、公信力，为做强新型主流媒体指明了方向。

具体而言，第一，深耕平台化，筑牢"四力"根基。长江云的定位是"新闻+政务+服务"，集三大功能于一体，打造了覆盖全省各层级的"云上系列"客户端，构建了省、市、县三级联动的政务大厅，融合了主流媒体、政务资源、民生服务。这一模式突破了传统的媒体功能，将多种垂直应用联结为生态级平台，形成多边优势互补和多元价值交换的媒体平台，它满足了互联网用户的多样化需求，吸引了海量用户，增强了用户黏性，实现了主流媒体的传播力、引导力、影响力、公信力。第二，通过"共建共享共赢"的机制，创新实现媒体融合的持续发展。通过各级机构统一建设、分级运营、利益共融，满足各级主体的诉求和利益，保障了媒体融合的持续动力。第三，将自身融入国家和社会治理现代化的进程。中央第十四次深改会议赋予媒体融合深度发展新的内涵，即媒介要全力融入国家和社会治理体系。无论是意识形态引导的痛点，还是百年一遇的疫情热点、深度融合的难点，长江云都以自己的创新性行动融入区域社会治理现代化的进程。

（作者马锋，西北大学新闻传播学院院长、教授）

05 "四川观察"抖音号

"四川观察"短视频账号在各大平台尝试不同"玩法"，探索出一条传统广电机构的转型之路。在矩阵搭建上，探索差异化定位，与用户玩在一起。在资源聚集上，依托技术中台、内容中台与渠道中台，实现节目IP化、主持人KOL化与渠道商业化。在商业运营上，基于全网化事业，打造"慢直播+热点直播"的24小时模式。"四川观察"以"OGC+UGC""网生化"和"人格化"的思路高调"出圈"，通过融合水平垂直议程、活用网络迷因、进行新闻对话等方式，重新占领信息传播制高点，成为地方传统媒体转型的标杆。

> **主题演讲**

让用户重新认识广电机构，找到我们

"你去关注用户，而不是让用户找不到你"

我分享一下"四川观察"这几年的探索路径。"四处观察"这个口号其实不是我们起的，而是网友起的，从这个口号引申开来，媒体机构在短视频平台开号、做内容，其中一个难点就是怎样与用户达成良好的互动。从建号开始，我们对于用户的投稿都会积极回复。我发现在你来我往的过程中，用户特别希望和我们一起"玩"。

图5-1-1 用户围绕"四川观察"造梗、玩梗，从全民参与到汇聚流量

基于这样一个观察，我们将短视频账号进行人设化打造，定位为一个帮用户四处观察的红人。大家开玩笑说我们是生产队的"驴"，因为我们

更新频率比较高，今年平均每天发布的视频数量有十多条，但我认为，做短视频账号的核心逻辑仍在于与用户"玩"到一起。

媒体与用户要"玩"到一起，具体怎么"玩"呢？广电机构做融媒体内容生产，有一个绕不开的话题就是"客户端+渠道"的生产模式。"四川观察"有一个客户端和多个分发渠道。在渠道生产中，原来多平台一键分发的模式要改变了，这个模式存在的最大问题是：因为每个平台的粉丝构成、"玩法"是不同的，如果仍套用一个内容模子，就会导致账号在所有平台呈现同一张"面孔"，收效甚微。

图5-1-2 "四川观察"评论区常常出现各种"观察梗"

"四川观察"短视频账号运营经验的核心词汇之一便是"差异化"，我们在不断探索差异化的用户需求。我们的客户端采取"数据算法+编辑逐选"的机制，政经新闻会获得更多流量。我们在其他渠道做的主要是各种新闻短视频，这类视频的影响力不可小觑，新闻资讯类短视频是有一定市场需求的。每个渠道的用户构成不同，我们的"玩法"也不同：我们在抖音、快手、bilibili、微博等平台上，有的做话题，有的做热搜，有的做提示，有的做深度。迄今，"四川观察"在各渠道的总粉丝数已超过6400万。

在这些渠道中，"四川观察"抖音号进一步"出圈"，我认为这是广电机构核心生产能力的一种体现。在上一个赛道，我们在学习平面媒体的转型经验，因此我去很多平面媒体学习。现在切换到短视频赛道，虽然不能说广电机构的春天来了，但起码我们可以说广电机构有了更多机会。但是，如果因为广电机构擅长做大屏视频，就认为我们转型短视频很容易，那就错了。实际上，"四川观察"刚起步时，效果很不理想，我们主动出去学习短视频商业机构的经验，他们具备专业化的视频制作能力，而且生产的是用户关注的视频，这些让我们深受启发。

此外，近半年来我们也在努力解决内容产生的模式化、套路化问题。我们在各大平台尝试了不同的"玩法"，目的就是两个字——试错。到底哪条路是对的，哪条路是错的，我现在还不清楚。尽管我们每天都很焦虑，但我们清楚，只有不停摸索试探，才是掌握短视频传播规律的唯一正途。

图5-1-3 "四川观察"成为媒体抖音号
月度优质推荐案例"常客"

今年"四川观察"的"出圈"，使我们发现一个新现象——"四川观察"成为一个网络热词。很多粉丝会跑到我们单位楼下去"打卡"，拿着我们的话筒套拍照。从这一点来看，我们为什么能"出圈"？我认为，这是因为用户觉得能与我们互动，他们说的话我们会回应，以及我们会发布用户关注的内容。

举个例子，2020年11月，丁真的一则短视频在全网获得数百万关注。次日我们便召开紧急会议，开始做网络连线；之后就驱车十多小时前往理塘，完成了我们对丁真的首次采访。在直播中，我们就丁真家乡、个人未来发展规划等网民高度关注的热点话题进行提问，引发全网关注，由此衍生的多个微博话题也获得超百万的阅读量。我认为，广电机构如果想实现短视频账号粉丝数量的高速增长，第一点就是要成为用户的关注者，去关注你的用户，不要令用户感受不到你的关注。

图5-1-4 "四川观察"的"出圈"，用户与"四川观察"互动

"如果这三个路径都走通了，就可以实现盈利"

技术方面，我们采取全媒驱动中台的策略，建设了技术中台、内容中台和渠道中台三个中台。短视频与大屏传播有所不同，但是不少广电机构仍按照大屏的逻辑生产内容。虽然不能说大屏的技术落后，但是我们切换到不同的赛道，需要采用先进生产力来推动内容生产转型及变革，这是我们做中台的核心出发点。

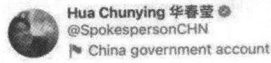

一是技术中台。我们技术中台的首要功能是大数据处理，传统媒体必须顺应数字化的发展趋势，但在转型的过程中会遇到不少挑战。另外两个

图5-1-5 丁真在四川广播电视台体验做"新闻主播"，受到中国外交部发言人华春莹关注并对外推介

功能是多模态通用科技和5G应用,这是基于我们对未来的畅想开发的。尤其是5G时代到来后,新媒体应该怎么做?新媒体是不是一定要依附在App上呢?对这两个问题,我们都存有疑问,未来内容是能够依存在流媒体并直接赋能到其他渠道去做的。

二是内容中台。内容中台主要服务于渠道差异化生产、项目孵化和MCN(多频道网络)跨项目事业群。一键分发只存在于地震、火灾等大型突发事件发生时,因为这时我们更需要追求速度。

三是渠道中台。除了上面的特殊情况,我们推行渠道差异化生产模式,用户在bilibili看丁真与我们互动是一个模式,在抖音和微博则是另外两种不同模式。

目前,我们主要形成了以上三个平台模式,究其本质,就是同样的内容在制作上实现渠道化。

我们建立渠道中台时,大家都在问:"你们怎么运维?资源怎么做?""四川观察"的音视频能力在这里得到很好的体现,我们利用渠道中台,一个月能提供1万多条音视频素材,并且已经具备超过330个小时的月度音视频生产能力。在大量素材中摘取IP化、人格化的内容,对渠道提出了很高的要求,而实现对优质内容的统一运维,是渠道中台的一个重要功能。

渠道中台的第二个功能是技术互补。目前,我们和平台的关系可以用"亦师亦友"来形容。在开发应用的过程中,打开我们抖音账号的投稿箱,每天都能收到全国各地的投稿,有几百条,我们的渠道中台可以很好地解决用户投稿的问题。此外,渠道中台还能帮助品牌实现差异化运营。

我们将广电业务拆解为节目、主持人、渠道三个组成部分。在新媒体时代,广电机构在做互联网媒体的过程中可能遭遇的最大障碍是有节目没有IP、有主持人没有达人、有渠道不值钱,而我们运维全网品牌的核心就在于打造"三个化":节目的IP化、主持人的KOL(关键意见领袖)化以及渠道的商业化。如果这三个路径都走通了,就可以实现盈利。

我们在转型的第二年年底到第三年年初的拐点上,收益开始增长。我们做MCN的目标之一也是通过盈利反哺内容,当时把商业放在很关键的位置,在商业化的路径上上下求索。现在思考的是,新媒体业务是否可以

图5-1-6 "四川观察"尝试主持人KOL化

"造血"？能不能给我们带来新的增长点？

我们希望用新的模式，让用户重新认识广电机构并找到我们。"四川观察"的"出圈"，令我们听到最多的是："没想到'四川观察'这么好看。"其实四川广播电视台也做过很多爆款节目，只是随着时间的推移，我们需要在新阵地上发出声音，创造价值。

差异化转型，全网化视野

广电机构在短视频赛道上做差异化转型时，具备全网化

图5-1-7 "四处观察"已经成为年度"热梗"

的视野是至关重要的。广电机构做短视频内容的核心是"触电"，"触电"后就要"接网"，"接网"后就要从全网化的视野出发。比如，对

每一个主持人的业务进行拆解,把IP和能力拆开,然后对照互联网"留白"或者蓝海的细分领域去布局,同时对该类型产品竞品的软肋做进一步分析。至于变现,广电机构带货的核心能力一定不是渠道的盈利能力,而是渠道的话题能力。

基于全网化视野,我们打造了"慢直播+热点直播"的24小时模式。我们认为,慢直播核心不在于"慢",而在于"动"。我们互动直播的特色是24小时不间断,曾创下100个小时累计在线用户超5000万的成绩。大家在我们的直播间留言、许愿、表白。打开直播间,我们就可以看到很多话题。对于用户呼声比较高的事件,我们会重点关注。某种程度上说,我们把直播间当成我们的在线

图5-1-8 "四川观察"积极突破传统业务瓶颈,在直播带货的浪潮中积极尝试

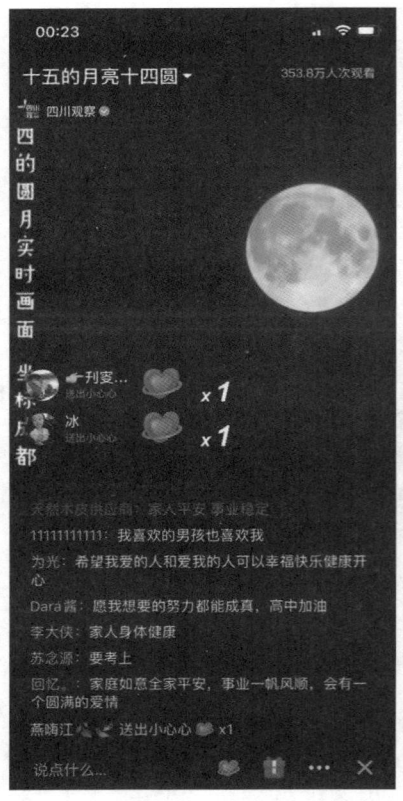

图5-1-9 "四川观察"的"慢直播+热点直播"24小时模式

图5-1-10 "四川观察"的慢直播囊括四川省内外主要旅游景点、重点项目工程

BBS。四川台最强的业务能力之一是新闻报道，我们现在把这个能力全盘复制到热点直播上。在遇到大型新闻事件时，我们实时在线，与用户进行及时互动。

"媒体+网友"共同孵化是"四川观察"的逻辑。我希望所有的文创内容都有网友参与的影子，我们的口号是"努力成为大家身边的一个朋友"。

我们不断探索新的路径，旨在实现内容生产、资源聚集、信息传播和商业运营这四大功能。我认为在转型之路上，一定会有更多经验被摸索出来，也欢迎大家共同探讨。

（演讲者岳学渊，"四川观察"总编辑）

> 案例分析

"OGC+UGC""网生化""人格化"地方媒体的"出圈"之路

——以"四川观察"抖音号为例

在当前以互联网为中心的新闻传播新格局形成之际,社会化媒体已逐渐成为新闻获取、评论转发的重要渠道,信息交互、舆论斗争的主要战场。习近平总书记曾多次强调:"宣传思想工作是做人的工作的。人在哪儿重点就应该在哪儿。"因此地方传统媒体如何在话语重叠、文化共生的社会化媒体时代适应新的传播格局,重构及发展与壮大其传播力、引导力、影响力和公信力,是当前地方传统媒体共同面对的紧迫课题。

"四川观察"抖音号仅用1年时间就以3000万粉丝量的成绩,上升为媒体类蓝V账号的第4名,还多次登上抖音热搜榜成功"出圈",2020年8月13日更被"人民日报"抖音号点名表扬。毋庸赘言,"四川观察"以"OGC+UGC""网生化"和"人格化"的思路高调"出圈",重新占领了信息传播制高点,成为地方传统媒体转型的标杆和范本,一定程度上突破了传统媒体的体制桎梏和身份限制,为解决传统主流媒体话语权旁落的问题提供了破局之策。

OGC+UGC:保持高频输出节奏,融合水平垂直议程

"四川观察"抖音号第一条视频发布于2019年7月8日,截至2020年8月25日,共发布了5395条视频。在账号创立前3个月,平均每天更新量约为3条;截至2020年1月,粉丝量仅有40多万。但他们牢牢抓住了新冠肺炎疫情期间公众急需权威报道、心灵抚慰、情感陪伴等心理动因,实时发

布严肃准确的OGC，还发布了大量以慰藉和陪伴为主要逻辑的UGC。截至2020年8月底，日更新率在25条左右。一贯的高频更新是引发用户关注的一大原因，甚至只要几分钟没动静，就有网友在评论区刷屏"你已经××分钟没有更新了"。

如此高的更新频率与"四川观察"抖音号所仰赖的融媒体平台有着密不可分的关系。"四川观察"抖音号以四川电视台新闻中心为依托，拥有省内21个市/州的新闻视频专业团队，成熟的新闻采编播流程系统及应急反应机制，为其抖音号的视频内容提供海量优质素材。新闻中心旗下运营的"四川观察"App同样24小时不间断推送视频新闻，且属于"央视新闻移动网"矩阵，可共享央视传播平台视频资源，因此许多其他省份的重要新闻也能第一时间获得。

表面上OGC有四川电视台新闻中心做保障，UGC依靠广大的网友众创，然而在真实的媒体实践中，两者是彼此关联、融合、互惠的。"四川观察"会转发一定量个人用户自发上传的具有一定新闻价值的视频，加以专业化的内容包装，并配以刺激性的新闻标题，引发用户的关注与转发，进而提升用户对"四川观察"抖音号的认识度与好感度。在转发的内容描述或评论中透露创作者的信息，为原创视频引流，凭借庞大的粉丝基数和良好的口碑，原视频和视频的原作者也得到了大量关注。如"四川观察"于2020年8月21日发布的《狗狗叼肉包子给流浪猫吃》的视频，经过花字包装和配乐更换，该视频点赞量达到169万。该视频转自山东一个不知名的个人账号，并在评论区置顶标明来源链接到视频原创作者为其引流，如此达成UGC视频创作者与媒体转发者的双赢，也形成了一个良性循环。

这种"OGC+UGC"的模式，除了能使其保持高频输出节奏，还能实现水平与垂直议程的相互交织，维护用户对于"四川观察"抖音号的忠诚度。在唐纳德·肖看来，互联网议程可分为，基于主流报纸、广播和电视所设置的公共议程即垂直议程，以及基于个人化、小众化的媒体获得的水平议程。水平和垂直这两种议程越来越交织在一起，进而创造了一个稳定的"纸草社会"。在"四川观察"抖音号中，可以明显地看到这种多元议程交织并存的情况，既有传统意义上的大众化社会新闻，又有能够个性化的奇闻轶事、搞怪视频，满足了用户的多元需求。

高频的输出节奏、多元化的内容撑起了"四川观察"抖音号的骨架结构，是其能够吸引受众得以爆红的原因。而适应短视频平台逻辑的网生化内容创作，才是"四川观察"抖音号深入人心的灵魂所在，也是其成功"出圈"的基本保证。

网生化内容：活用网络迷因，抢占用户心智

随着Web3.0时代的到来，以抖音为代表的移动短视频平台急剧发展，其富有创造性和趣味性的动态画面辅之以碎片化、病毒化的传播方式，成功抢占年轻人的注意力，也为传统媒体开拓了新的传播渠道。但抖音平台上由政务、媒体类机构所发布的视频内容中，仍多以纯视频类和配乐文字展示类为主，大部分还遵循传统的线性叙事逻辑，很难引起大范围的关注。"四川观察"则很好地把握住了短视频网生化内容所需要的全新编码法则，在繁杂的抖音信息洪流中异军突起，引发了用户对该媒体账号的兴趣。"四川观察"在抢占用户心智的同时，也激发用户创造出一系列成熟的网络迷因，并将其灵活运用到新的网生化内容生产之中。

网生化内容最显著的一个表现就是综艺化的包装手段。通过字体特效，在现场类视频中强调新闻要点，让用户迅速感知到核心观点。甚至还会改编火热的魔性BGM（背景音乐），烘托内容氛围，让网友直呼"上头"。如2020年8月22日发布的《狗狗跳楼逃生后回去救主人》通过综艺花字和大火的BGM卡点剪辑，配合剧情的转折极富叙事张力，简化铺垫过程直接聚焦狗狗跳下之后的行动，生动展现了狗狗的内心感受，直击用户泪点。同时，这也适应了平台调性和内容叙事节奏，打磨微视角，寻找新落点，抢占用户心智。

内容的网生化还体现为对用户心智精准洞察，从打动人心的小细节、新视角着手引发用户的情感共鸣。例如，暴雨中举着盒饭送餐的外卖小哥、为将要相亲的奶奶化妆的"00后"、几天几夜抱着逝去孩子不撒走的母猴等软新闻，都引起了用户的强烈共情，获得了不俗的播放和互动的成绩。这打破了传统媒体过度强调宏大叙事、固守僵化新闻框架的刻板印象，立足网友关注视角，从日常中捕捉温情，彰显平民基调和生活底色，增强了传播内容的亲和力和感染力，也拉近了"四川观察"与用户的心理距离。

网生化的内容还激发了网友对于相关网络迷因的创造。美国学者士弗曼将网络迷因界定为"一组具有共同特点的内容、形式或立场的数字项目,这些数字项目在创造时被所有人所知,诸多用户通过网络对这些数字项目进行了传播、模仿和转化"。"四川观察"敏锐地捕捉到了网友对其乐此不疲地调侃所形成的网络迷因,还将这些迷因作为一个自嘲的"包袱"灵活地运用到了后续的新视频中。这既增加了与网友的互动,使网友觉得亲切可感,又为视频内容增进娱乐性与趣味性。如网友因"四川观察"报道范围极其广泛而戏称其为"四处观察",因一则自嘲视频将其比作"生产队的驴",以及"删了,让四川观察发""一亿粉丝"等用户创造的网络迷因,都经常出现在"四川观察"的视频中。除此之外,"四川观察"还善于灵活运用平台上各类新鲜的网络迷因。如2020年8月28日发布的视频《生产队的驴多久更新一条视频?》就将抖音上的刷屏的网络迷因"把嘴给我闭上"和"四川观察"衍生的"生产队的驴"两个网络迷因巧妙融合,获得了228万的点赞。

人格化表达:增进用户互动,实现对话新闻

法国学者德布雷认为,每一种新媒介出现都产生与之对应的媒介圈,形成基于媒介技术与介质特征的传播生态。抖音等网络短视频平台也具有其独特的媒介生态,情感化的叙事、人格化的表达就是其中一大特色。"四川观察"就将这种人格化的表达方式融合进抖音账号运营的各个方面,不但有效增进了与用户之间的互动,还为其践行对话新闻理念、开展对话新闻活动提供了得天独厚的基础。杨保军老师认为,新闻是传播主体与信源主体、报道对象主体对话的结果。"四川观察"通过自称"观观"等方式,树立可亲可爱的人格形象,在评论区既能和网友"打成一片"从而拉近距离,又能及时回应网友的关切,根据网友需求和关注点生产后续视频,还能与其他主流媒体频频"串门"实现联动。因此,网友们也更愿意和"四川观察"互动,积极进行投稿转发,并为其提供新闻线索。

例如,2020年8月15日晚,"四川观察"评论区中有网友建议"观观"去观察一下星巴克不收硬币事件。8月16日,"四川观察"就接纳了网友的建议,派记者线下实地采访星巴克门店,并于当日推出现场采访视

频，获得214万点赞。8月9日发布视频《四川观察回应如何观察》，真人出镜和实景展示满足了网友长期以来的好奇心，激起了网友更大规模的互动。这种通过人格化的表达方式、视频化的内容与用户实现对话，无疑为"四川观察"博得了不少好感。

这次"四川观察"火速"出圈"，也很大程度上与跨媒体互动有很大关系。8月2日在"人民日报"抖音号粉丝量破亿庆祝视频的评论区，"四川观察"留言"恭喜恭喜，观观什么时候才能拥有这一天呢？"后，在央视新闻点名表扬"四川观察"后，"四川观察"又紧接着发布了一条"恶意剪辑版"视频《央视新闻观察四川观察》。这次和央视的隔空对话再次引来无数的围观还一度登上热搜榜单，助力"四川观察"进一步"出圈"。

"四川观察"不仅与各大官方账号保持对话，还在评论区和网友直接对话，用可爱的形象回复网友提问并进行花式互动。同时，"四川观察"将慢直播的手段发挥到极致，24小时不间断直播成都地标环球中心动态，每天都有千万人次在线参与直播互动。8月25日当晚，"四川观察"更是把直播画面改为四川康定，背景音乐也全部替换为情歌联播，吸引了超过2581万人次同时观看，还有大量的网友留言。这些独树一帜的对话方式也为"四川观察"全方位树立了一个幽默可爱、亲切可感的人格化形象，增加了与用户的协同互动。

结语

"四川观察"抖音号能在激烈的竞争中俘获网友芳心实属不易，其"出圈"之路对于其他地方媒体也有一定的借鉴意义，但这不意味其经验可以全盘复刻。正如尼尔·波兹曼所言："电视新闻节目的兴奋主要是靠速度的作用，而不是实质的内容。它是由于信息流通而产生兴奋，而不是新闻本身的意义。"过于注重追逐高频的新闻更新速度和数量，使得内容生产呈现一种流水线生产模式，缺乏应有的事实核查意识，造成重要新闻细节的模糊甚至误差，信息量不足，新闻价值偏低，损害了传统媒体原本的核心竞争力。

与此同时，内容网生化的处理以及对算法机制的迎合在一定程度上造成了对严肃议题的消解。人格化的表达也偶尔使得媒体本身成为新闻内容的主角。仅8月27日、28日两天，其发表的和"四川观察"账号本身相关的视频就有6条，评论区充斥着对于"四川观察"的催更和调侃，模糊了新闻事件的焦点，使得理性的公众讨论难以进行。"四川观察"抖音号为传统媒体摆脱沦为内容提供商的困境探索了可行之路，是对新兴媒体环境中对话、透明等原则的精彩实践，但仍须警惕全新媒体的环境对于新闻工作者的新闻传播理念、专业精神以及职业原则产生的不良影响。

（作者朱育莹，北京雪球信息技术有限公司高级视频运营；罗威，武汉大学新闻与传播学院传播学2020级博士研究生，长江大学人文与新媒体学院传媒系主任）

" 专家点评

媒体融合过程中，创新与守正缺一不可

当下还有相当数量的传统媒体在转型路径上踯躅徘徊，"四川观察"却取得了让人侧目的转型效果。笔者以为，很关键的一条是"四川观察"没有停留在"一次创新"的层面上，而是在"一次创新"的层面上继续进行"二次创新"，同时，还要坚守一些不变的东西。

"四川观察"的母体是四川广电。岳学渊总编辑在分享经验的时候说，做视频号的核心逻辑是要和用户"玩到一起"，而要"玩到一起"，就要改变原来"多个平台，一键分发"的模式，因为每个平台的粉丝构成、"玩法"是不同的，如果仍然套用一个内容模子，就会导致账号在所有平台上呈现出同一张面孔，收效甚微。

"多个平台，一键分发"是早几年建设媒体"中央厨房"时提出来的。作为当下新闻生产的一个基本原则，它没有错，但是如果只是简单地一键分发，忽视了各个不同平台的特点，效果就会大打折扣。这就需要在宏观的整体的创新平台基础上，继续在微观的局部的小平台上进行"二次创新"，生产出适合不同平台的新的内容。

在创新的同时，传统媒体出身的媒体要想转型成功，还必须发挥出自己的特长。岳学渊在多个不同场合谈到"四川观察"的"出圈"，都强调"我们'出圈'的逻辑，其实就是广电的传统栏目逻辑"。比如四川广电一直所具有的新闻优势是很多自媒体所不具备的，也是传统广电一个得天独厚的特长。2020年11月，丁真在网上火了，许多自媒体只能跟着做一些边缘话题，但"四川观察"第二天就派记者驱车十多个小时前往甘孜州的理塘，完成了对丁真的面对面采访，吸引了全网的关注，有力提升了"四川观察"的影响力。

这就是出身于传统媒体的新闻媒体应该做的事,在网络舆论场中起到了主力军的作用。岳学渊还提到,做"四川观察"的两个主要成员是两个非常资深的新闻人,获得过中国新闻奖、亚广联大奖等。在采编流程上,"四川观察"也是一样古朴,不管时间多紧张,都对所有稿件实施三审三校制度。

抖音是一个以自媒体为主的平台,大量自媒体不具备新闻采访权,所发布的内容真真假假、泥沙俱下,娱乐消遣有余而公信力不足。但是"四川观察"不同,正是从传统媒体身上所继承下来的若干做法,让"四川观察"在抖音平台上具备了独特的竞争力。

(作者窦锋昌,复旦大学新闻学院教授)

06 "新浪新闻" App

在以体制机制融合为主要特征的融合3.0时代，新技术对信息生态的创新重构体现在内容生产、内容形式、媒介载体三方面。"新浪新闻"App用三年时间转型，以技术创新驱动重塑融媒体新生态格局。在信息采集上，新浪团队通过鹰眼系统帮助采编团队第一时间发现潜在新闻热点并向用户进行推荐；在内容编辑上，新浪团队利用AI写作、视频云剪辑、AI专题、智能审核等技术提升发稿能力；在内容审核上，新浪团队利用深度学习模型实现了全景化的智能审核防线；在内容分发上，新浪团队不断拓展多元化资讯消费端口，满足用户在各种场景的新闻资讯需求。新浪团队的创新也带来启示：融合发展或将成为媒体破局"流量"的新途径，要坚持技术革新，坚守内容品质，在产品方面探索信息消费的场景化升级。

> **主题演讲**

"智能+"赋能传媒新生态

媒体的发展经历了很多个阶段，今天，我从大众媒体说起：

大众媒体，是高度工业化、组织化、集团化的内容生产平台，报刊、书籍、广播、电视、网站都具有精英化的特征，遵循单向、一对多的线性思维。以今天的电视媒体为例，无论是制作还是播出，都是由高度工业化的组织完成的，同时，电视节目的连续播出紧紧抓住受众的注意力，把受众"粘"在了屏幕上，它就像是一种流，而且是一对多的"单向流"，客观上无法及时收集受众反馈，无法与受众对话。

社交媒体，遵循的是连接思维，它的出现让信息来源和传播路径更加多样化，普通人的主动性和潜力得到释放，普通人也由受众身份转为用户身份，用户成为信息流动的主推动力。我们获取信息、消费信息，也随之变成了多对多的方式。

随着大数据与人工智能技术的发展，智能媒体出现，遵循算法思维服务用户，用户体验成为内容消费发展的重要动能。一方面，人工智能参与内容生产流程，很大程度上提升了内容生产与分发的效率，提升了用户体验；另一方面，大数据日益成为新的生产要素，用户体验行为产生的数据又服务于内容生产流程，成为新的内容生产资料。

在5G、云计算、大数据、人工智能等技术的影响下，全球传媒产业呈现智能化的发展趋势。根据我们的研究，新技术对信息生态的创新重构主要体现在以下三个方面：

第一，对内容生产的影响。过去都是传统的PGC（专业生产内容），由媒体和机构撰写发布内容。随着社交媒体的兴起，UGC（用户生产内容）出现，普通用户和自媒体开始成为内容生产的主力军。而随着人工智能逐渐发展，TGC（技术生产内容）开始登上舞台，比如地震速报、天气、交通等模板类新闻，目前都可以由机器自动生成。

第二，对内容形式的影响。人工智能提高了内容生产效率，提供给用户的内容，除了文字和图片，视频、直播，甚至VR（虚拟现实）和AR（增强现实）技术，会更多地应用于媒体内容。举例来说，在今年的中国国际进口博览会，上海电视台等媒体依托5G，通过VR、AR、360度全景视频直播进博会实况，沉浸感和强交互性极大地提升了用户的视觉体验。

第三，对媒介载体的影响。内容消费场景不再局限于PC和手机端，各种智能设备，如智能穿戴、智能家居、智能汽车等，都成为用户观看、收听新闻资讯的媒介。

随着大数据与人工智能的应用普及，围绕智能媒体的产业生态正在逐步形成、不断丰富。2020年4月，新浪AI媒体研究院联合中国传媒大学发布了《中国智能媒体发展报告（2019—2020）》。报告显示，中国已经完成智能媒体产业生态构建，包括基础层、技术层和应用层。从国内看，应用层可以说是百花齐放：有以人民日报、新华社、中央广播电视总台为代表的央媒，有以封面新闻为代表的地方顶尖媒体，还有以BAT（中国互联网公司三巨头，即百度、阿里巴巴、腾讯）、新浪等为代表的头部互联网企业。我们和众多同行经过多年技术积累已形成独特的竞争优势，共同推动着智能媒体产业生态的丰富和完善。

新浪从2016年开始从门户网站向智能媒体平台转型，将大数据、人工智能等新技术应用于"新浪新闻"App、手机新浪网等产品矩阵，并于2018年完成了转型，实现了采、编、审、播全流程的智能化。我将着重围绕信息采集、内容生产两个环节，展示人工智能技术与媒体场景的碰撞融合。同时，我会结合新浪新闻业务，分享一些案例。

信息采集是媒体业务的起点，传统新闻的采编完全依赖人工进行文字、图片、视频的收集与整理，最后以稿件、摄影作品、音视频作品的形式呈现。这样的新闻生产过程存在效率低下的问题。智媒时代产生了基于社交媒体的数据挖掘、基于物联网传感器的信息采集、音视频数据的采集与文字转化、多语言数据采集与实时翻译等多种信息采集模式。

国内外媒体在信息采集领域都各有建树，我先谈谈鹰眼系统，这是我们新浪自主研发的。依托新浪20余年沉淀的内容数据、微博10年来开放的社交媒体数据，形成了独有的热点线索"供给池"，以及上百种典型事件传播模型的"知识图谱"。平台采用大数据、实时计算、机器学习等技术，结合编辑和运营业务场景和需求，利用鹰眼系统作为探针，实现智能化的全媒体监测。每隔几秒钟，或者每隔几分钟，监测同一条内容阅读量的变化，用以发现潜在的热点。平台的大数据和机器学习的能力，还能够学到一些典型的热点爆发路径，从而帮助我们去预测热点。举个实际应用案例，2019年4月16日，巴黎圣母院大火，大约在16日的凌晨1点，微博上有一个博主发出了巴黎圣母院大火的第一张照片。这条微博命中了鹰眼系统重大事件捕捉的探针，编辑在第一时间通过第三方对内容的真实性做了核实。10分钟之后，1点40分，我们通过"新浪新闻"App和"@微天下"的微博账号全网首发了这条新闻。

内容生产是媒体业务的关键环节之一，随着人工智能在内容生产环节的发展，已经出现机器写作、智能化视频编辑、可视化新闻与虚拟主播等新应用。接下来，我同样介绍几款在内容生产环节典型的智媒产品。

首先是机器新闻。在国际上，美联社可以说是机器新闻生产实践的领先者，主要应用于财经新闻和体育报道。在我国，最典型的机器新闻代表，是中国地震台网的地震信息播报机器人系统。它能在震后几秒内自动产出与当前地震相关的数百字稿件及十多张图片，内容涵盖速报参数、震中位置、周边信息、历史地震等二十多项内容。自动写作、自动发布，全程无人介入。

我们再谈谈智能视频编辑，区别于门槛较高、工序烦琐的传统视频编辑技术，智能视频编辑通过深度学习、神经网络等人工智能技术，可以协助内容创作者进行视频创作，降低了成本，提高了效率。比如新浪云剪系统，提供了包含直播剪辑、视频剪辑、单视频剪辑和竖版视频剪辑等多个项目，其中直播剪辑可以边播边剪，智能拆条，实现与直播同步剪辑发布的效果。比如，NBA的比赛时间是我们国内每天早上8点至10点，正好是上班时间，一些球迷没有办法从头到尾看完整场比赛。使用新浪云剪平台，可以把比赛里面的精彩环节自动剪辑出来，变成短视频或者图文直播，方便球迷观看。

"新浪新闻" App

2020年春节期间，一场突如其来的新冠肺炎疫情席卷全球。疫情防控既是一次危机，对我们媒体来讲也是一次能力大考。我们看到，在抗疫信息传播中，应用场景不断涌现，应用范围持续拓展，提高了疫情相关信息的生产、聚合、分发效率，涌现了一批满足用户多元需求的新型信息产品。

比如说，我们新浪新闻的实时疫情地图。借助大数据和可视化产品技术，我们及时获取国家和各地卫健委发布的权威疫情信息，打造了这款疫情数据可视化产品。它将大量抽象的数据用图形、图表等具象形式表现出来，缩小了用户与数据内容之间的距离，降低了用户获取信息的难度。我们的疫情地图因其权威性和便利性，在疫情期间服务了全网数以亿计的用户。

我们生活在信息爆炸的时代，看似每天都能通过手机接触丰富的内容，但信息爆炸带来的信息冗余和碎片化阅读等问题越发严重，用户对高品质内容的需求日益提升。可视化报道顺应移动阅读需求，数据呈现更加直观、更易获取，用户体验得以提升。2020年新冠肺炎疫情期间，我们看到国内媒体同行也纷纷在数据可视化方面发力，不少作品广为传播。我们认为，数据的可视化应用会越来越成熟，将成为各行各业必备的传播方式。再者，清华大学推出的"新冠肺炎疫情AI话题分析平台"可自动进行新闻追踪，分析关注度和导向变化，实时追踪舆情动态。还有，新冠肺炎疫情智能机器人，按照发病原理、症状、诊断筛查等九大分类，形成新冠肺炎智能问答知识库。中国媒体集结抗疫，展示了媒体智能化发展的创新空间和发展潜力，随着技术的进步，媒体与人工智能的深度结合将进一步推动传媒发展进入全新纪元。

最后，我和大家分享关于中国智媒发展的一些趋势，具体表现在：第一，主流价值观仍将引领智媒的发展。第二，自然语言处理、深度学习、计算机视觉、知识图谱等技术领域的加速突破，会推动智能媒体的升级。第三，人工智能应用将从当前生产、分发等重点环节逐步渗透至全流程、全环节，推动智能媒体纵深发展。第四，智能媒体将推动商业模式的创新，推动经济效益稳健提升。第五，技术为支撑，管理为保障，内容为根本，才能不断激活媒体的AI能力。特别是创新管理方面，要建立复合型媒体人才梯队，包括技术人才、运营人才、产品人才的发现和培养，以此推动媒体的发展。

可以看到，媒体与科技基因的融合定将成为传媒发展的基础底色。未来，"数据+算法+算力+网络"将持续推动智能媒体的生态迭代。

新浪新闻从传统意义上的门户网站，发展到智能时代的智媒平台，20多年间，我们既是媒体行业的深耕者，也是技术创新的先行者。我们也希望与社会各界积极开展合作，共同促进传媒业的智能化升级。

（演讲者李川，新浪AI媒体研究院副秘书长）

> ## 案例分析

"智能+"赋能，推动媒体融合

技术创新是媒体融合的第一生产力

媒体融合是互联网时代下媒体的产业发展方向，继2014年媒体融合上升为国家战略后，国家陆续出台一系列支持政策，媒体融合发展取得了重大进展。《媒体融合蓝皮书：中国媒体融合发展报告（2019）》中提到，我国媒体融合已由形式融合、内容融合一跃升级至以体制机制融合为主要特征的融合3.0时代。

在媒体融合3.0时代，5G、AI、大数据、物联网、云计算等的协同融合，让技术创新形成媒体融合的底层支撑，智能化已成为媒体机构转型升级的重要驱动力。具体来说，技术将在媒体生产流程的创新重构、媒体传播渠道的扩展融合以及媒体产业格局的转型升级等层面发挥驱动作用。在技术创新上，"新浪新闻"App持续推动传统门户网站向智能媒体平台转型，依托新浪20余年来积累的丰富内容数据，以及微博10年来开放社交媒体数据，用3年时间转型为智能媒体平台，以技术创新驱动新浪新闻融媒体新生态格局的重塑，极大提升了采、编、审、播全流程的效率。

"智能+"赋能，打造融媒体全链新生态

在信息采集上，新浪独有的鹰眼系统通过机器深度学习与实时计算，帮助采编团队对新闻热点的酝酿、引爆、传播过程进行建模，实时监测热点变化走向，第一时间发现潜在新闻热点并向用户进行推荐。鹰眼系统除了抓取文章内容之外，还会对微博公开的数据进行监测，抓取微博的阅读量、转评赞量，观察同一条新闻在同一时间内互动变化的范围。如果变化

幅度非常大，就能预判该事件是一个即将形成的热点。

在内容编辑层面，新浪在AI写作、视频云剪辑、AI专题、智能审核等方面的技术运用也走向成熟。AI写作将数据在机器模板中自动填充与更新，快速提升发稿能力。

目前，"新浪新闻"App财经频道的7×24小时板块利用AI写作实现不间断的自动化播报新闻。AI专题通过自然语言处理技术，自动提取某一热点事件的来龙去脉，把关键新闻节点按照时间顺序进行梳理及自动拼接，方便用户掌握新闻全貌，快速消费新闻内容。新浪视频云剪辑技术也具备较强的实用性。一场完整的体育比赛往往有2—3个小时，大多数上班族没法利用大段时间观看比赛。新浪视频云剪辑技术可以根据信息检索和自然语言技术，将体育赛事等长视频进行精华拆条处理，提炼出2—3分钟的短视频及GIF图再次聚合传播，更加方便用户利用碎片时间观看赛事信息。

除了智能编辑，新浪在审核方面突破了原有模式的审核技术，与科研机构合作，利用深度学习模型提高端到端的学习效率，以此提升系统对敏感内容的过滤机制，实现全景化的智能审核防线。

在内容分发上，随着5G时代的到来，"新浪新闻"App不断拓展在智能穿戴、智能家居、车联网等领域的多元化资讯消费端口，重点发力布局全景生态。如近日新浪与长城汽车达成的战略合作，就是以AI加速内容服务生态与车载场景的有机互联。此外，"新浪新闻"App在2020年9月上线的AI语音自动连续播报功能，也满足了用户在日常生活场景中碎片化的新闻资讯获取需求。

智媒平台全面开放，助力媒体融合再升级

相关报告显示，2017—2018年是我国媒体融合从"相加"的物理变化到"相融"的化学变化的转折点，也是由企业云建设迈向媒体云建设的新起点。可以预见，随着5G商用步伐的推进，媒体与人工智能、大数据、VR等技术的融合将向更深层次推进，而这将推动全媒体生态价值链的不断延展。

在成功转型为智能媒体平台的过程中，"新浪新闻"App始终坚持与媒体合作伙伴在内容、终端、技术资源等方面的整合及合作，深化全媒体

生态的互联价值升级。

媒体融合的重点之一就是实现多渠道、多端分发。多渠道是指加强不同媒体平台间的优势互补、合作互通；多端则意味让大量优质内容适配智能全景生态，加速提效内容服务运营。

目前，"新浪新闻"App已与3000多家主流媒体保持长期合作，实现央级媒体的百分百覆盖，同时，已有超过3.8万各领域头部自媒体创作者入驻。跨平台内容的互通，共同面向新浪新闻4.1亿的全平台生态流量，共享全天候、高频次、高流量的曝光增益。

与此同时，5G高带宽、低延时、广连接的优势，将引领视频直播产业迎来井喷式发展。媒体与人工智能、大数据等技术的融合将向更深层次推进。作为技术赋能的尝鲜者，"新浪新闻"App希望与全平台合作伙伴畅享智能化红利，将成熟的技术与大众分享，为媒体生产流程的创新重构贡献绵薄之力。同时，通过持续的技术创新拥抱媒体融合新变化，共同推进融媒体技术平台建设。

不管是以优秀内容见长的媒体机构，还是以科技创新为硬实力的互联网公司，都应该以更加开放的心态互惠互利。平台化合作、开放生态互联将推动全媒体生态价值链不断延展，成为媒体融合发展下半场全新升级的重要助推器。

创新信息消费场景，融合发展破局流量难题

媒体融合作为媒体行业一场前所未有的深刻变革，涵盖了所有媒体形态，并赋予新闻传播新的内涵和外延。

伴随着智能互联时代的到来，移动互联网的发展也进入瓶颈期，移动网民的活跃设备数量2020年基本处于停止增长的状态。互联网公司只能寻求新的用户规模增长方式，融合发展或将成为媒体破局"流量"的新途径。

除了技术革新、坚守内容品质，在产品方面探索信息消费场景化升级，也是融媒体时代新浪新闻的重要战略布局之一。

"新浪新闻"App目前拥有千人千面兴趣分发的推荐频道、重大新闻的要闻频道、满足用户垂直阅读需求的发现频道、供用户闲暇时消磨时间的小视频，以及帮助用户利用碎片时间获取资讯的新闻语音播报等，都以用户阅读习惯为产品洞察入口，覆盖用户全天候、多样化的阅读场景，帮助用户随时随地获取所需信息。

  目前，"新浪新闻"App已实现日活跃用户规模超过3900万，月活跃用户规模突破1亿，用户规模稳居综合资讯行业前三。在5G时代，"新浪新闻"App仍将以AI技术加速提效媒体运营，挖掘全景生态下的消费机会，通过更多智能终端的全景生态布局，持续探索"内容+产品+体验"的内容消费新空间。

  （作者王巍，新浪集团首席信息官）

> **专家点评**

技术何以重构传媒生态

以5G、云计算、大数据、人工智能为代表的技术对传媒产业进行了颠覆甚至是重构，新技术推动媒体产业生态变革，也通过智媒产品实践改变了我们对日常生活的想象力，产生更大的社会效应，在这一点上，新浪的贡献不容小觑。以新浪微博为例，用户作为节点被纳入传播生态中，通过正文、评论等方式参与公共生活，尤其是在新冠肺炎疫情期间，李文亮医生的微博早已成为一个现象级文本。在智媒产品实践方面，新浪始终在积极探索并卓有成效，它以当下传媒生态现状为经，以最新的传媒技术手段为纬，充分展现了技术与传媒产业的互动，具体体现在以下两个方面：一方面，其自主研发的鹰眼系统可以对社会热点进行提前预测，以往媒体对社会事件的作用更多体现在呈现及事件发生过后的反思层面，而依托技术手段打造的鹰眼系统可以在热点事件发生前快速对其进行捕捉、预测和发布，进而可以提前防范社会危机，减少社会矛盾，这是伟大的发明。另一方面，新浪新闻的实时疫情地图，在新冠肺炎疫情期间实时呈现最新的疫情状况，可视化形式让受众更易理解疫情信息，而实时性则大大减少了因信息不公开或信息滞后带来的公众恐慌，以媒介技术路径助力疫情防控与治理。

（作者刘涛，暨南大学新闻与传播学院党委书记兼副院长、教授、博士生导师）

07 《南方周末》

设立付费墙，通过在线内容收费抵御传统收入的下滑，甚至借此实现自身商业模式的整体转型升级，这样的做法是少数被证明既有效又具备一定可复制性的报业重生之路。从2018年4月起，《南方周末》确立了"以内容付费工程统揽南周融合转型工作全局"的战略思路，从技术、内容、运营、产品四方面进行付费工程的建设，包括两大部分：一部分是设立与会员制相贯通的计量式软性付费墙，另一部分是打造有《南方周末》调性的知识付费产品线。《南方周末》的付费实践说明，当前对内容本身的投资仍然是性价比最高的投资。

> **主题演讲**

在一起，读懂中国

——《南方周末》内容付费工程的想法、做法和看法

非常感谢学会对南方周末内容付费探索实践的肯定和鼓励。普利策讲，新闻记者是站在国家这艘大船船头上的瞭望者。那么我想，新闻传播研究者则是我们行业这条大船船头上的瞭望者。《南方周末》是中国新闻内容付费较早的实践者之一，然而，与世界先进的报纸同行相比，我们只是刚刚起步，尽管取得了一些阶段性成果，但整体上仍处于摸石头过河的阶段。所以，我们真的非常希望站在前沿、放眼世界的学界瞭望者们，能从法规政策、产业环境、中外比较、传播创新、技术发展、赢利模式等方面，对业界新闻内容付费探索给予更深研究，对《南方周末》内容付费实践给予更多指导。今天，我简要介绍一下《南方周末》内容付费工程的情况，也借此求教于方家。

想法：为什么要做内容付费工程

设立付费墙，通过在线内容收费抵御传统收入的下滑，甚至借此实现自身商业模式的整体转型升级。放眼全球报业，这样的做法已屡见不鲜，是少数被证明既有效又具备一定可复制性的报业重生之路。

最早的报纸付费墙，起源于《华尔街日报》。从1997年开始，该报就对其在网站上的内容实施全方位收费，后来被称为"硬付费墙"。2011年，《纽约时报》上线了计量式付费墙，规定每个用户在其网络上每月只能免费阅读20条新闻，超过此阅读量就要付费。这是较《华尔街日报》更为"软性"的付费墙，它上线仅10个月，《纽约时报》线上线下的订阅总

收入就超过其广告收入，一举突破了该报延续逾百年的以广告为主要收入的"二次销售"模式。截至2020年第一季度，《纽约时报》线上订阅用户已达500.1万，相较2012年（64万）增幅为681%，纯数字发行收入由1.13亿美元增至2019年第四季度的4.46亿美元，增幅为309%。

各新闻机构的付费墙软硬不一、差异明显，但大量研究的共识是，尽管墙本身的设计、建设等环节都非常重要，但其成败的关键不在于墙本身，而在于其所依托媒体的内容价值。

付费墙实践的领先者也持相似观点。在2019年接受财新传媒专访时，《纽约时报》出版人阿瑟·格雷格·苏兹伯格就指出："付费墙成功的关键，就是你能够为读者提供出色的新闻，而且是别处没有的新闻。"

当然，这应该只是一种高度浓缩的概括性表达。因为即使从《纽约时报》自身经历来看，仅有"出色"和"别处没有（即独家）"的新闻（即内容），还是远远不够的。在上线计量式付费墙之前，《纽约时报》建墙、拆墙、再建墙，在逆境中艰难探索了15年。而在这15年里，全球报业的生存状况发生了沧桑巨变，美国报业还率先出现了"断崖式下滑"的惨状。反而，《纽约时报》新闻内容本身的"出色"和"独家"一直保持着稳定性，并未出现大起大落。

因此，在公认内容价值为首要因素的前提下，品牌影响力、用户刚需度、运营能力，乃至各国各地区对知识产权的保护制度等，都普遍被视为付费墙成功的要素。但是，如果更深入分析，仍然可以看出，内容价值与其他要素的关系并非完全并列，很多时候，内容是它们的存在基础，甚至还是它们不可或缺的构成基因。从这个角度看，在全球媒体付费墙建设不断深化的实践中，"内容为王"这个曾经被认为过时的理念，正在不断地"收复失地"。这对那些以内容为立身之本的媒体而言，无疑是福音。

《南方周末》正是那样的媒体。创刊36年来，我们不仅从未动摇过对内容价值的信念，反而一直将之视为自身首要的核心竞争力。正是一篇篇"出色""独家"的报道、评论和文章，使《南方周末》成为中国最著名的报纸品牌之一，拥有大量认同者和追随者。在"中国500最具价值品牌排行榜"上，《南方周末》始终处于前十报纸之列，并一直是唯一上榜的周报。而自2007年中国邮政评定"畅销报刊"以来，《南方周末》一直位列其中，且成为2015年中国邮发报纸中新增发行利润的第一单品。

2018年以来，伴随着国内线上支付技术和用户为内容付费意识的双重成熟，基于对内容价值在付费墙中决定性作用的认识。我们认为，《南方周末》通过构建付费墙探索线上内容付费模式的条件也已趋于成熟。而且，由于《南方周末》是综合类新闻媒体，必须充分考虑降低付费墙对新闻公共性价值的影响，所以，计量式软性付费墙的模式就成为我们的必然选择。

我们同时还观察到，2016年以来，知识付费已成为中国互联网产业的又一风口。有关数据显示，2017年，中国的知识付费用户已达到5000万，整体交易规模可能已达到500亿。我们认为，新闻付费与知识付费同属于范畴更大的内容付费领域，其思维方式、生产流程、传播渠道乃至流量变现逻辑等均有相通之处。此外，《南方周末》长期浸润于文化、知识领域，除了做新闻报道，还积累了丰富、深厚且多元的资源。如果能加以优化整合和有效推进，甚至有望在知识付费的新风口中，开拓一个规模超过新闻付费又不失《南方周末》特色的全新产业空间。

正因如此，2018年4月起，南方周末以编委会为引领、以数媒工场为主体、以经营公司为支撑，确立了"以内容付费工程统揽南周融合转型工作全局"的战略思路。

概括而言，《南方周末》内容付费工程的目标，是以用户为核心、以内容付费为纽带、以付费会员为方向，再造《南方周末》的生产流程和消费场景，促进《南方周末》长期稳定的可持续发展。它具体分为两大部分：一部分是设立与会员制相贯通的计量式软性付费墙，对《南方周末》内容的内在价值和产业链进行数字化挖掘与拓展，侧重于"媒体南周"的融合升级；另一部分是打造有《南方周末》调性的知识付费产品线，推动《南方周末》跨出媒体领域进入范畴更大的内容产业，着眼于"机构南周"的增长方式转型。

做法：《南方周末》成为中国内地首家设立计量式软性付费墙的报纸

目标确定后，《南方周末》迅速启动了内容付费工程的建设，主要包括如下：

技术方面：从"南方周末"App6.0版本上线开始，经过40多次版本迭代，到目前的"南方周末"App7.3版本，App功能得到极大优化，用户体验持续提升。如优化用户界面设计，体现《南方周末》特色；语音合成功能，用户可看可听；直播功能，与用户即时互动；设立严选模块，嵌入知识付费课程等专有产品；推进用户数据中心建设，通过数据驱动，实现信息传播的高效化、精准化、个性化；依托用户数据中心，建设线上运营系统、营销系统，实现运营自动化及用户精准营销。需要强调的是，迄今为止，所有技术开发全部由《南方周末》自有团队完成。

内容方面：一是推动采编部门彻底转型，2019年实施改版及报网端融合发展配套改革方案和考评调整，在生产、分发、考评等所有环节均对网稿和报纸稿"一视同仁"。彻底消弭新旧媒体差别，融合《南方周末》旗下报纸、App、微博、微信等各个端口，实现"一次生产，按需分发，全程可见"。二是紧紧抓住阅读变化趋势提升传播力，采用融媒体技术，生产融媒体属性产品。三是不断优化新媒体矩阵，提高新媒体内容运营能力，研究市场最佳打法与平台"算法"，重视流量但不媚于流量，在乎平台但不为平台所役，在努力提升阅读量的同时始终清醒把握自我新闻使命。

运营方面：一是加强内容整合运营力度，提升会员获得感。比如《南方周末》及旗下《南方人物周刊》多年来积累了大量经典名篇、各类内容数据库，对其进行挖掘，是为会员提供的特别权益。二是丰富运营模式，增强用户黏性。例如通过南瓜积分等运营方式，优化用户体验。三是探索与其他品牌合作，比如与财新、三联联合推出联名卡等。四是以大数据为基础实施精准营销，设计"定向"的会员转化活动，减少对用户的打扰，提升营销效果。

产品方面：一是对外全面打通知识付费渠道网络，对内扫清内容生产转型障碍；二是推进从新闻到内容衍生产品的开发方式，比如小课系列将过往新闻报道二次开发成有声书的产品通道；三是构建有《南方周末》调性的知识付费产品体系与品牌形象。"怎样讲好一个故事：南方周末写作实战训练营""怎样表达一个观点：南方周末评论写作实战课"等自主研发原创课程将《南方周末》数十年在内容生产领域的"秘笈"抽取提炼成通用课程，同时提供修改作业、直播答疑等增值服务，初步形成市场效益和用户口碑都不错的"南周写作课系列"品牌。

看法：内容付费工程对《南方周末》融合转型发展的统揽意义

内容付费工程对《南方周末》而言，意义绝不仅是多了一个收费渠道。事实上，早在2018年4月，《南方周末》编委会就从顶层设计上赋予了它"统揽南周融合发展全局工作"的地位，并将之写入了工程建设方案之中。为此，《南方周末》确定了该工程"三不影响"和"四个获得"的原则。

"三不影响"是指不影响既有网络流量、不影响既有传播力和不影响既有经营业务。它们的实质，是对《南方周末》既有商业模式的防火墙。

作为市场化机构媒体，《南方周末》首先要保证自己持续能在市场中生存下去，现行的商业模式也得到了市场的有效证明。当前我们没有理由也绝对不会去主动轻易地改变流量、传播力和存量业务这些与市场密切相关的重大要素。但也正因如此，我们从一开始就有充足的心理准备，接受由于上述要素的存在对内容付费这一新型业务存在的各类内在冲突。例如，《南方周末》至今仍然在2个千万级微博（"@南方周末""@南方人物周刊"）和320万粉丝量的《南方周末》微信公众号、百万粉丝量的《南方人物周刊》微信公众号上免费发布原创内容，也仍然在与国内最大的聚合类媒体进行全面版权合作等。这些做法无疑都会对付费会员数的增长产生消极的对冲影响，但我们认为，这种步步为营、稳打稳扎的做法，与《南方周末》正在发生的商业模式渐变节奏是相匹配的，我们要在现有商业模式彻底失效之前，最大限度地收割其剩余价值，为以内容付费为核心的转型升级输送更多能量。

"四个获得"是指获得更强全媒体能力、获得新型业务收入、获得智能化平台和获得用户数据。它们的实质，是对《南方周末》融合转型发展的深度布局。

一是获得更强全媒体能力。优质内容既是《南方周末》的核心价值，也是《南方周末》转型升级的核心竞争力。而付费墙的设立，极大提高了用户对《南方周末》内容品质的期望值，倒逼《南方周末》再造生产流程，提高全媒体运营能力，提高内容数量和质量，将《南方周末》彻底推上全媒体生产与传播的快车道。为了支持内容付费工程建设，《南方周末》配套实施了2019年改版及报网端融合发展改革方案，修订考评考核办法，改革组织架构、激励机制和资源分配等一系列制度，其根本目的就是彻底抹去报纸稿件与原创网稿在考评、绩效等方面的差别，推动《南方周末》内容走向全面融合、移动优先。工程实施两年多以来，《南方周末》高品质内容生产能力和传播力双双得到提高：年原创网稿数增长42%，月均视频发布数量增长70%，H5等融媒体产品数量增长14倍。2019年12月，还产生了全网流量近20亿的报道，创下《南方周末》历史纪录。

不断涌现的优质内容在自有平台客户端和网站上发布后，也有节奏地在微博、微信及其他合作平台上推送，直接提升了《南方周末》原创内容在外部平台的推送频次，有效提高了《南方周末》的品牌影响力。以"南方周末"微信公众号为例，具有标志性意义的10万+稿件数量持续增长，2019年增长26%，2020年同比再增长45%。

二是获得新型业务收入。内容付费工程实施以来，获得的会员和知识付费产品的直接收入早已突破千万元大关，这些全部是《南方周末》历史上从未有过的新型业务收入。而由于极大提升了原创网稿的数量与质量，又推动《南方周末》旗下各网络平台广告收入实现翻倍增长，如2020年微信平台广告收入同比2018年增长106%，品牌影响力转化为实实在在的收益。同时，类似"南周写作训练营"的品牌自研课不仅吸引了上万人购买，成为单项营收超过200万元的爆款产品，2021年第一季度还出版成书。新型业务和传统业务以工程为枢纽，正在良性地交互促进增长。

三是获得更好的智能化平台。技术驱动一直引领着内容付费工程的建设。迄今，"南方周末"App已形成媒体内容和知识付费两大产品模块，拥有了支付、音视频播放、语音读报、数据采集分析等多项新功能，自身智能化和用户体验都实现了质的飞跃，增强了《南方周末》持续发展的后劲。

四是获得更多用户数据。经过两年多运营，南方周末会员数已累计超过16万，知识付费业务"圈粉"17万。随着技术水平与数据积累、挖掘能力的不断提高，过去面目模糊的读者和受众逐渐变成画像清晰的用户和线上线下的粉丝群体，成为《南方周末》未来发展中最有开发想象空间的宝藏。目前，在北京、广州、成都等地，经过线上精准的营销和配比，已有大量付费会员单次或者多次参加了《南方周末》的活动，他们共同的口号是"在一起，读懂中国"。《南方周末》在北京举办的两场活动——年度盛典和文学之夜，都有不少年度会员以VIP身份前来参加。在大数据时代，那个曾经以一纸风行的"报纸南周"或将远去，另一个具有强烈媒体和文化属性的"智慧南周"必将走来。

结语：以资源禀赋和比较优势确定最高投资性价比

传统机构媒体的融合转型发展，往往容易陷入两大陷阱：一是不考虑资源禀赋。无视自身是否具备比较优势，人云亦云，热衷追逐新概念，跟着热闹走，眉毛胡子一把抓，最后走得可能连自己也不认识，空留下一地鸡毛。二是不考虑盈利模式。以传统媒体之身，行互联网商业媒体之事，以自我原始积累的利润与靠风险投资支撑的竞争对手一样对决烧钱，偶尔可能因一两个好作品而赢得一些喝彩，但从稳定可持续性发展的角度视之则绝非长久之计。

《南方周末》实施内容付费工程必须避开上述陷阱，在顶层设计上解决如何立足自身资源禀赋构建持续盈利模式的问题。《南方周末》不是聚合类网络媒体，不能也不需要纯粹吃流量饭，也不是商业网站或单纯的知付平台，不可能做烧钱生意。归根结底，我们选择做一个立足时代风口和技术手段，品质高、口碑好，新闻、知识与思想特色并重的内容提供者。

而走在这一条道路上，必须坚定不移地让内容真正站在王位上。走得越远，摸索得越多，我们越认识到，对于《南方周末》这样特色鲜明的品牌机构媒体而言，当前对内容本身的投资仍然是性价比最高的投资。也正因如此，在整个行业进入深度衰退期的大背景下，《南方周末》从2018年开始，连续三年持续加大对原创内容供给侧的投资，却取得了明显效果。从该年起，2018年即内容付费工程实施的元年，《南方周末》经营收入大幅增长34%；2019年，再次增长28%；2020年上半年，再增10%。

作为内容付费赛道上的领跑媒体,《纽约时报》找到计量式付费墙这一模式并用了15年,从零起步到拥有270万新闻付费用户又用了7年。但它与越来越多的参赛者共同证明,这是一条能让机构媒体在互联网时代继续坚守媒体主业、秉承新闻雄心的有效路径,这正是我们这个行业最大的价值和尊严所在!

最后,我想再次表达一个心愿:热烈盼望学界多研究业界对新闻内容付费的探索,也衷心欢迎各位老师到《南方周末》来做指导!谢谢!

(作者王巍,《南方周末》总编辑、《南方人物周刊》主编)

> 案例分析

内容付费时代新闻付费模式探索与策略思考

在互联网还不甚发达的纸媒时代，报刊的发行成本高，低廉的售价远不能维持收支平衡，广告顺理成章成为媒体绝大部分的收入来源。这种对广告依赖程度高、结构不合理的"二次售卖"盈利模式有着天然的脆弱性，一旦外界环境发生重大变化，就极易分崩离析。果然，随着互联网以及移动互联网技术的普及，新型的媒体形态不断涌现，人们的触媒习惯发生根本性转变，受众的大量流失导致纸媒的广告收入呈现断崖式下跌，传统的"二次售卖"盈利模式濒临崩溃。

于是，从采编到分发都承受着高额财政压力的纸媒决定顺势而为，建立自己的数字平台，以数字化的形式发布报刊的内容资源，企图再次发挥"二次售卖"的作用。然而，由于可以从数字平台上免费获取报刊的完整资源，读者更不愿花钱购买纸版内容，同一家媒体的印刷版和数字版成为竞争对手，还促使读者养成了免费阅读的习惯，报刊发行量持续走低。另外，大多数传统纸媒建立起的数字化平台并没有对读者产生足够的吸引力，反而为其他新媒体的新闻聚合和分发提供了便利，也帮助新媒体获得越来越多广告商的垂青。传统报刊这种数字化转型非但没有为其创造更多收入，反而导致发行收入和广告收入的双双下降，就连过去引以为傲的"新闻品质"也已经今不如昔，传统纸媒陷入了"不转型早晚得死，现在转现在就死"的两难境地。如何摆脱这种生存困境？盈利模式的创新恐怕是报刊数字化转型的关键所在，而新闻付费显然就是其中的突破之道。

从付费墙到付费墙2.0：西方对新闻付费模式的探索

1996年8月起，《华尔街日报》网络版要求订户每年交纳48美元的订阅费，开创了新闻付费的先河，并在1年后收获了20多万订户。随后，更多报刊加入新闻付费的行列。美国雷诺兹新闻研究院对美国日报转型的调研数据显示，2011年设置新闻付费墙的比例为41%，2012年这一数值为47%，到2013年飙升至70%，到2015年在被调查的美国98家报纸中有77家实施了数字付费策略，占比78%。新闻付费已经成为西方媒体的普遍做法并取得实际成效，而这完全得益于西方媒体对新闻付费模式的长期探索。

（一）建立付费墙

付费墙，是指对在线内容实行付费阅读，为网上的内容设立收费门槛。最初采用的模式为完整的付费墙，也叫"水泥墙""硬收费"，以《华尔街日报》和《泰晤士报》为代表，即不付费就无法获得任何内容。后来，由此发展出混合模式付费墙，也被称为多孔的、可渗透的付费墙或者"篱笆墙"。完整付费墙由于完全排除了不付费用户，可能导致访问量猛跌，造成广告和媒体影响力的损失，所以更多媒体选择使用混合模式。

混合模式付费墙的代表模式包括：第一，计量式，读者可以获取规定时长或数量范围内的免费内容，超出限额则需要另付费。第二，混合式，即限定某些内容付费，其余不收费。第三，将免费网站与付费网站分开。第四，微量付费模式，即以少量费用购买一篇文章。第五，线上线下联动模式。如用户购买《明尼阿波利斯明星论坛报》超过两天后，就可免费获得网络版访问权限；如果仅购买周日版报纸，在获得网络版访问权限时有一定优惠；而订阅网络版后，购买报纸时只用花29美分。第六，联合推广。2014年3月，《华盛顿邮报》发起"数字报纸伙伴项目"，即用户只要订阅《华盛顿邮报》等7份报纸中任一份网络版，便可同时浏览另外6份报纸的网络版。截至2015年，已有270多家报纸加入了该项目。

（二）进一步发展：付费墙2.0

付费墙模式表现为仅仅针对网站内容本身收费，还主要停留在传统媒体的收费思维。但正如科罗拉多州独立数字媒体顾问斯蒂夫·奥汀所说，"为付费读者提供更多好处而不是简单地建立支付墙能更容易吸引数字读者"，"付费墙2.0"则是数字移动时代的产物，打造移动端新闻产品，更具互联网意识，把读者、受众转化为用户，把对内容付费变为对内容和服务付费，把"不付钱就看不了"的观念变为"付了钱能享受更多"。

会员制是"付费墙2.0"的主要表现形式，其本质是一种分级增值模式。美国的《信使邮报》借助RR Donnelley的内容货币化服务"Press+"推出会员模式，为订户提供捆绑订阅服务，在新闻产品内容之外，还包含会员活动、查阅档案、参加储蓄俱乐部和其他利益。其总监Steve Wagenlander称，这种模式在推出后得到了较好的反响，这不仅要求用户购买一种新的定价模式，还要求他们对报纸的品牌和对社区价值的认同投资，让读者觉得"和我们一起花钱是一个不错的投资选择"。

《纽约时报》现行的高端会员制Times Premier则给会员提供了一个了解报道背后故事的机会。2016年度财务报表显示，《纽约时报》较上年增加了50万以上的新闻媒体订阅，同比增长47%，已经有超过220万的纯新媒体内容订阅数。由此看来，向"付费墙2.0"模式的过渡已初见成效并有发展扩大的趋势。

原有经验+内容付费+危机加剧：中国新闻付费"生逢其时"

在西方世界开展新闻付费的同时，中国媒体也做出了相应尝试。2007年，温州日报报业集团成为国内"第一家吃螃蟹的传统媒体"。2010年，《人民日报》也加入了试验的行列，随之《重庆日报》《安徽日报》《潇湘晨报》等也进行了报网互动的探索。然而，所有这些努力都没有取得期待中的成效，无奈半途而废。

以往的实践可以将我国的新闻模式大致分为四种：其一，整体收费模式，是《人民日报》最初的付费方案，收费标准为每月24元、半年128元、全年198元。其二，分类收费模式，一是温州日报报业集团实行的依据用户群体的地域差异进行收费，即本地免费、外地收费；二是以《南都数字报》为代表的划分内容收费模式，即A1叠免费，其他内容收费。其三，计时收费模式，如2010年3月5日后，阅读《人民日报》当天数字报全部内容免费，浏览历史信息时，除前四版外必须注册收费。其四，预览付费模式，2013年起，财新《新世纪》周刊电子版每期会提供10页的内容预览，此后的深度报道内容需要付费。

为什么西方媒体成功而我国媒体却失败了呢？难道是新闻付费根本就

不适用于中国？现实似乎给出了否定的答案——近十年间国内环境的变化赋予了新闻付费重生的机会。

2010年前后，各大视频网站开始对视频内容收费并逐渐推广会员制；2015年，音视频付费全面铺开，开辟"娱乐付费时代"。在此基础上，2016年成为"知识付费元年"，果壳"分答"、"知乎Live"、喜马拉雅FM"付费精品"专区和马东领衔的《好好说话》等知识付费产品陆续登场。艾媒咨询发布的《2017年中国内容付费专题研究报告》称，国内视频付费成为常态，音乐付费习惯逐渐养成，知识付费成新风尚。2016年中国内容付费用户规模就达到0.98亿，内容付费时代已然来临。

在娱乐付费、知识付费如火如荼之时，国内报业的日子却一天比一天难过。报刊关停于2017年集中爆发，从新年伊始正式休刊的《京华时报》和《东方早报》开始，一年内共有十余份报纸杂志宣布关停，至此已有超过四十家报纸宣布停休刊。我国报业的"寒冬"已至，如何才能绝处逢生？在广告大量流失的生死边缘，媒体转型迫在眉睫。恰逢内容付费的大好形势，我国新闻付费模式重建的时机似乎也已经成熟。

2017年10月17日，财新传媒发布公告，宣布财新网于2017年11月6日正式启动财经新闻全面收费，并且在原有的线上《财新周刊》、财新"数据+"和"财新英文"系收费产品之外，推出了"四通"（周刊通、财新通、数据通、英文通）的付费产品。这四种产品采取了多组合的付费模式，即把不同内容的产品根据不同收费标准进行组合。另外，还有极少量文章可以选择单篇购买。而此前，微信公众号和微博的单篇打赏功能，以及科技新媒体36氪的订阅付费专栏"开氪"中涉及互联网新闻相关的栏目，也可以说是对新闻付费模式的一种尝试。

在财新推行全面付费模式一年后，胡舒立在2018年11月16日接受采访时表示，财新的付费阅读机制成效超出预期，财新网月PV（页面浏览量）过亿，UV（网站独立访客）5000万，财新通上线一年累计付费个人用户逾200万，阅读时长持续增长，页读数高于业内水平，付费内容覆盖机构用户数量接近百万，并呈稳定、持续的增长态势，续订情况也颇为乐观。当然，仅将一年的试验成果作为检验付费模式成功与否的标准还显得有些草率，但作为我国一家标杆式的专业媒体，财新传媒在实行全面收费阅读上喜迎"开门红",无疑为行业发展树立了风向标,也为业界对新闻付费的转型路径增添了一份信心。

品牌+产品+营销+收费:打通新闻付费的各个环节

目前国内正式实行新闻收费的专业媒体数量少、起步晚,还没有称得上完全成功的范本。因此,有必要结合国外成功的经验与我国新闻付费实践的具体情况,对未来新闻付费的发展策略进行探讨。

(一)打造差异化品牌和个性化产品

与《纽约时报》等相比,我国媒体缺乏长时间积累的深厚基础,而《经济学人》《金融时报》等深耕于垂直化领域的报刊对我们也许更具借鉴意义,财新传媒实行全面付费的底气多半也源自其专注于深度财经报道这块"金字招牌"。因此,要想在同质化市场中脱颖而出,就必须建立起有别于免费媒体的品牌意识,精准定位人群,提供独特内容,使付费成为品质的契约性保障。

除优质内容的定位外,生于纸媒的传统数字媒体要想完全融入互联网的浪潮,就必须借鉴西方"付费墙2.0"模式,化传统的采编发思维为互联网思维,以用户为中心,打造个性化产品而非仅着眼于内容本身。

如媒体应采用PGC与UGC相结合的生产方式,在保持专业性和权威性的同时,分享和评论会增强用户的参与感和互动感,并对内容进行有益补充。与此同时,网络传播具有碎片化的特点,要求内容清晰易读,具有可视化、数据化、形象化等特征,将大数据、云计算等技术手段与高质量内容进行深度融合,并且根据手机、电子阅读器等载体呈现的差异,打造适应不同阅读渠道的新闻产品样态。

另外,和电商平台一样,线上交易往往会出现付费不成功、用户对产品不满意等问题,媒体也应当充当"客服"的角色,及时处理用户反馈。除了此类最基本的服务之外,像《华尔街日报》就提供给付费会员生活类体验邀请、优质活动会议邀请、和喜爱的编辑交流对话等独家服务,使用户成为媒体的利益共同体。

(二)创新营销推广策略

基于长尾理论,用户们被细分为一个个"长尾市场",也被称为

"利基市场"。通过大数据技术，数字媒体能够通过对更微小和细化的市场——利基市场的开发，使每个读者都可能成为一个特定的目标被追踪和开发，这被称为"利基营销"。这里便采用蔡立媛所提出的基于个体的数字出版业利基营销模式——TSCR，即"追踪（track）、分享（share）、个性定制（customize）、关系（relation）"，制定新闻付费的营销策略。

追踪——使用大数据手段，跟踪用户使用体验，可以根据反馈实施改进产品服务和营销方案，并对各个用户进行画像和分类，从而提升有效信息的触达率。

分享——联合社交平台生成"付费诱饵"，一方面能够借助社交平台的强大流量加大内容"曝光率"；另一方面可以通过用户分享并添加评论等原创性内容，增加付费内容的吸引力，加快传播扩散，以争取更多潜在用户。

个性定制——在付费模式下，用户在选择内容时不再随意，这样便有利于媒体平台根据其阅读情况知晓用户偏好，对其进行精准画像，根据准确评估更有效地改进服务和推送内容；同时，用户也能更加便利高效地获取所需信息，进一步增强了用户黏性。

关系——建立社群是现有知识付费产品的常用手段，大咖充当社长并邀请朋友充当助理讲师，一起发布内容，并与用户在互动中生产内容，一方面可以强化媒体与用户的联结关系，另一方面也加强了用户之间的沟通交流，产生归属感。

（三）采取恰当的收费方式

根据卡尔多-希克斯补偿理论，在售卖方和用户之间的利益难以实现双赢时，允许牺牲一方的利益来实现一种较优的暂时平衡。在我国用户的新闻付费习惯还未完全形成时，媒体可以采取循序渐进的手段进行过渡收费。像国外媒体采用的计量式收费、免费试用等方式都是这种理念的体现。

信息产品作为一种高固定成本、低边际成本、可重复利用的产品，不宜将边际成本作为定价标准，而应以目标顾客对产品利益和购买成本的感知为基础来制定价格。在市场调研细分受众的基础上，对各类用户的感知价值进行调查评估，以不同媒体内容资产的效用值大小作为定价依据，获取最优价格,即基于用户尤其是个体用户对媒体内容产品定价的原则调查观众的支付意愿,使运营商获得最大利润的价格。而我国现有的新闻付费市场还不成熟,不存在完全的市场竞争条件,不适合以在市场中的竞争地位和竞争对手同类产品的价格为参照制定价格。

在前者基础上,一方面可以通过信息数据抓取的技术性手段,对用户进行画像,提取其兴趣偏好,根据其需求生产产品并制定相应的价格,定价的灵活性较高;另一方面可以根据媒体平台的不同发展阶段采取不同的收费水平和收费策略,而划分媒体的引入期、成长期和成熟期则要根据媒体知名度、用户规模、技术水平和内容质量等因素来判定。同时,可以通过纸质刊物和数字内容的订阅联动制定收费标准,以类似于超市"加××元换购某商品"的优惠政策吸引用户购买更多信息。比如,《洛杉矶时报》推出了周日报纸订阅政策。在开始4周,每周只需支付99美分(4周之后则需1.99美元),读者就可以获得网络版的访问权限以及周日的报纸;但如果只需要访问网络版,每周则需花费3.99美元订阅费。

我国特殊性:需要考虑的关键性问题

结合我国国情的特殊性,实现新闻付费还需关注以下问题。

(一)版权保护机制的建立

也许由于新闻与生俱来的公共性,与电影、书籍相比,我国对新闻内容的知识产权意识更为淡薄。从2011年开始,财新传媒就采取发布公告谴责、警示侵权媒体和发送律师函等多种形式发起反侵权行动,但都没有得到回应,最后提起诉讼。在2015年财新传媒诉凤凰网侵权案庭审结束后,凤凰网的委托代理人表示,转载模式是国内通行做法,是行业常态。如果实行新闻付费,订户可以进行二手交易甚至"多手交易",新闻分发平台有可能会窃取新闻内容并"占为己有""公之于众",以此赚取流量和广告,这将严重扰乱新闻付费市场。另外,日益严重的"洗稿"、抄袭现象也会造成劣币驱逐良币的恶果。保护版权、保护内容的独家性,就是保护品牌、保护竞争力。新闻付费的全面推广必须建立在充分保护新闻业知识产权的法律基础之上。

（二）新闻付费售后机制的建构

对新闻进行收费，实则将新闻看作商品。从理论上来看，新闻产品当然也应该建立并完善售后机制，使读者在阅读体验不佳、新闻涉及违规等情况下通过合理的反馈机制获得一定补偿。这一方面是对读者权益的保障，另一方面是对媒体形象的维护。

然而，尽管建构售后机制的想法有其合理性和必要性，但在实际操作中必然会遇到难以应对的困境：由于要承担售后赔偿的风险，媒体机构遇到易触碰政策红线的选题时，极可能采取保守态度，选择不报或者少报，从而降低新闻产品下架赔偿的可能性；有些敏感选题具有较大的新闻价值和社会公共意义，甚至会对社会带来突破性的影响，而在不完善的售后机制之下，新闻媒体可能会因噎废食，继而带来新闻产品质量的普遍低下，这是对读者利益的损害也是对媒体影响力的损害。由此看来，与其他消费产品相比，新闻付费的售后机制必定会有所不同，如何审核用户的退款申请、如何设定不同情况下的赔偿标准、是否需要商定行业内普遍适用的售后机制等问题都需要进行慎重考量。

（三）确保涉及重大公共利益新闻的开放呈现

此前，个人微信公众号"呦呦鹿鸣"发表了《甘柴劣火》一文，将甘肃武威官场和媒体之间的几次冲突与几位甘肃官员落马事件穿插在一起，引发广泛关注。因文章中借鉴了财新网付费内容以及其他机构媒体及自媒体的报道、评论，财新网资深记者王和岩在朋友圈称该文"利用付费阅读壁垒，就可以攒吧攒吧炮制出爆款来"，引起"洗稿"之争。与此同时，这一事件也引发了人们对于媒体公益性和商业化边界的讨论。

的确，如果一家媒体机构拥有独家信息源优势，但在发布重大公共性新闻时筑起高墙，而墙外的公众占据社会的大多数，他们因此处于信息获取的劣势地位，其切身利益也就难以保障。新闻的公共性和社会性要求媒体必须顾及大多数公众的利益，必须承担社会责任，这一层面也是新闻收费需要考虑的因素。最基础或涉及重大公共利益的新闻起着提醒外界环境变化、凝聚社会共识、引导公共舆论的作用，如果对这部分信息也实行付费，是否又有违信息共享的时代潮流和新闻的公共属性呢？因此，在设定付费内容的时候，应当将能够用于收费的新闻产品与涉及公共利益的重大新闻报道进行区分，比如以报道的深浅程度为界限，对个性化、深层次的内容进行收费，而对于具有公共意义的基础性消息采取零门槛阅读的方式。

（四）正确处理短期利益与长远收益的关系

目前业界对付费墙有如下理解：付费墙意味着内容细分、受众细分，是聚集忠实受众、放弃游离受众的手段。按照这种思路，新闻媒体就只需着眼于有需求且有能力进行付费的人群，并与该范围之外的群体划清界限。在短时间内，这种策略自然较为高效。然而，社会上存在很大一部分有需求但暂时缺乏经济基础的人，例如大学生、初出茅庐的年轻人等，而5—10年后这类"被抛弃"的人群就成为社会的中坚力量。倘若媒体长期实行此种策略，恐怕到时候被"被抛弃"的就是媒体自己了。像财新就针对学生群体开设了"校园行"套餐，340元/年，一定程度上体现了对学生群体的人文关怀。所以，对此类潜在用户实行一定的优惠倾斜，有助于新闻付费的长远发展，也是媒体责任意识的一种体现。

（作者方苏，中南民族大学文学与新闻传播学院讲师，博士；傅中行，中国人民大学新闻学院硕士研究生）

《南方周末》

> **专家点评**

以付费墙探索促进传统媒体升级转型

传统媒体转型是近年来学界和业界普遍关心的问题，不同媒体也正在结合自身情况探索各种模式。作为中国最知名的媒体之一，《南方周末》尝试计量式软性付费墙模式，从2018年至今成效显著。《南方周末》的探索，对中国传统媒体的转型，至少有三个启示：

启示一：如何在坚持公共性的前提下保护知识产权和经济效益？新闻不是一般的"商品"，具有很强的公共属性。如果采取简单"一刀切"的方式付费阅读，必然会影响新闻的内容价值和公共传播属性。《南方周末》探索了"与会员制相贯通的计量式软性付费墙"模式，用户每月可以免费阅读《南方周末》一定篇数的原创内容，超过篇数后如需全文阅读则必须成为付费会员。这样的"分级制"处理，既保障了公众对新闻阅读的一般性需求，也尊重了媒体的知识原创与知识保护，增加了经济效益。

启示二：精心设计付费墙的门槛。如果收费，标准是多少？这个问题，对媒体付费墙探索具有非常大的实际意义。目前《南方周末》的收费标准是按年订阅优惠后188元，相当于每周3.6元，低于报纸全年265元的订阅价。这样的定价设计一定是经过精心测算的——对于报纸的忠实读者来说，不仅低于订阅价，而且阅读内容更丰富，时间和便利度更高；对于原先的非订户来说，每周不到4元的支出完全能承受。通过这样的方式，既能稳定原先的报纸读者基本盘，又能拓展一大批新读者，找到了新的盈利点。《南方周末》2019年上半年经营分析会披露，以内容付费工程为核心业务的"数媒工场"收入暴涨300%。这说明付费墙的探索得到了市场认可。

启示三：把付费墙作为整个媒体融合转型的抓手。从《南方周末》

的实践看，付费墙设计不仅是一种经营手段，也不仅以经济效益为唯一取向。报社从更宏观的视野出发，应通盘考虑从纸媒向融合媒体全面转型的路径。按照《南方周末》自己的定位，内容付费工程以用户为核心、以内容付费为纽带、以付费会员为方向，再造《南方周末》的生产流程和消费场景，促进《南方周末》长期稳定地可持续发展。因此，付费的背后，是新的受众需求和社会背景下媒体比较彻底的自我革命，推动《南方周末》从原先主打深度报道的报纸转型进入范畴更大的内容产业，实现从"报社"向"机构南周"的增长方式的转型。

因此，《南方周末》的付费墙，实质上是以付费促转型，以付费抓转型。付费墙的背后，是内容建设、技术保障、自有平台、商业合作等一系列创新。《南方周末》的实践，对于今后中国媒体无论是收费探索还是全面转型，都有很大的借鉴意义。

（作者陶建杰，中山大学传播与设计学院副院长、教授、博士生导师）

08 《三联生活周刊》

作为国内文化媒体第一品牌，《三联生活周刊》近年来结合自身特点，从"松果生活"App开始尝试转型升级。《三联生活周刊》的转型策略包括以下三步：媒体公司转型为内容公司、创建基于互联网逻辑的内容产品、建立联结超级平台的渠道。《三联生活周刊》的发展模式存在以下三个方面的特色：内容生产形成鲜明的知识体系，走以原创为本、版权为要、技术驱动的融合发展之路，将音频作为融合发展的主打产品形态。《三联生活周刊》给我们带来的启示有：要获得持续而充足的资金投入，要以IP为核心形成知识服务的盈利模式，要打通传统媒体与新兴媒体新旧"两张皮"，要打造多支点的复合人才队伍。

> 主题演讲

一本杂志的媒体、产品互联网演进史
——《三联生活周刊》的实践

作为国内文化媒体第一品牌，《三联生活周刊》从1995年复刊到现在已经发行逾1000期，优质的报道内容为其树下良好的品牌口碑，并积累了数十万忠实读者。在传统发行时代，以2014年为例，仅单本杂志的营收就超过1.28亿元，利润达5800万元。我们迎来了利润巅峰的同时，也感受到了大环境的变化。第一，与用户的连接渠道失效：传统的订户不是真正意义上的用户，用户画像和信息并不掌握在媒体手中。当智能手机大力普及，在线下发行渠道萎缩、报刊亭一步步减少的双重影响下，发行量会急剧减少。第二，用户的阅读习惯发生变化：在互联网上，信息传播的构造、规则和逻辑都被改造，人们依然渴望好内容，但阅读的场景和内容的呈现形态都不一样。

找到二次增长曲线迫在眉睫，我们主动提出应对策略，在《三联生活周刊》内容的基础上，启动转型。

实施"三步走"战略

（一）媒体公司转型为内容公司

2016年1月，上线子品牌"松果生活——一万个生活家"，探讨以活动作为产品的垂直平台。2016年7月，上线子品牌"熊猫茶园"，探讨基于办公室场景的产品以及周边文创。这种变化的背后，是传统媒体内容为销售/广告服务的传播导向，转为内容本身直接售卖的产品导向。

（二）创建基于互联网逻辑的内容产品

2017年5月，"中读"作为公司整体转型的产品正式上线，这是一款完全基于互联网生产、传播、销售的内容产品。"中读"的名字来自李鸿谷主编提出的"快慢之间有中读"，移动互联网时代，3000字以下的信息消费，属于快阅读；7万字以上，一本书的体量，属于慢阅读。我们寻求的是，快慢之间的一条折中之道，在移动端获得一种深度阅读的乐趣。

明确了定位，下一步的关键就是选择赛道。设计一款互联网产品，要想快速起势，需要考虑到趋势和时下潮流。在2017年，音频和知识付费正值风口，正受到大众和资本市场瞩目。另外，音频内容是文字内容的升级，可实现定价上的溢价，但又比视频内容改造成本低，是一个很好的商业模式。

我们对周刊内容升级，从中提炼出IP后，再进行音频化和新媒体转化。以我们的音频第一课《宋朝美学十讲》为例，从周刊两期爆款封面《我们为什么爱宋朝》《宋朝那些人》及后面结集出版的同名书着手，讲述宋朝美学"宋词""理学""茶事""宋瓷""书法""宋画""名物""雅集"等十个领域知识。主讲阵容上，既有以北京大学历史系教授邓小南为首的两岸三地10位名师大家，也有著名主持人董卿做领读推荐。"权威+传播"的形式让这门课一上线就受到用户广泛好评，再次掀起"宋朝热"。在第三方测评机构发布的知识付费排行榜中，该内容获得年度第二位以及人文榜榜首。之后，"中读"与优酷进行版权深度合作，将"宋朝"IP再次开发，上线10集视频内容。同时，音频节目的配套书《宋：风雅美学的十个侧面》已由三联书店编辑出版。

通过"宋课"的单点突破，我们跑通了互联网内容生产、传播、销售全链条，也实现了社会效益和经济效益的双丰收，为"中读"团队打造爆款提供了一个标准的范本和路径。

有了爆款之后，我们思考的第二个问题就是结构。通过爆款内容吸引到用户后，该如何持续地服务用户，满足用户不同场景的需求，提高产品的生命周期？我们做了两件事：

1. 丰富内容体系

"中读"平台的内容目前形成了历史文博、生活美学、音乐戏剧、艺术、自然博物、经济、亲子教育、思想、经典新读、科普十大品类。同时按照资源投入力度建设不同产品线，形成了内容产品金字塔结构，具体如下：

（1）每月推出一门"精品课"，作为"中读"的头部内容，旨在孵化原创IP。

（2）每周上线一个专栏，目前"中读"专栏64%为独家原创，36%为引进分发，作为"中读"的肩部内容，目的在于寻找细分品类。

（3）每周上线一门"中读小课"、一期"三联听周刊"、两至三期各类电子杂志作为"中读"的腰部内容，重点服务会员用户。

（4）推出日更型短音频产品《大咖说》《中读电台》《听荐好书》《听外刊》等，作为底层内容，每日对热点时事进行快速反应，旨在提高平台日活跃度。

以精品自制为主，使得"中读"在初期竞争激烈的知识付费市场中，在人文社科领域闯出一条差异化发展之路。2020年，"中读"开始平台化，立足全网，积极引进第三方课程，致力于打造最好的人文知识平台。上线三年来，中读累计聚合了近8.5万篇文章，音频总时长超过1万小时，数据量相当于周刊70年的内容产量，为下一步的数字挖掘和数字资产化奠定基础。

2. 上线会员产品

会员产品的开发，对应的也是结构的一大升级，其背后逻辑是从课程的单点销售，转变为人群的服务和运营，并通过这样的服务，实现较高的平台黏性和用户忠诚度。"中读"先后上线了月卡、年卡、听书卡等会员制产品，作为主力的知识年卡用户，可享有精品课、小课、有声书等内容权益，以及入会礼物、加入读书会、会员福利区等服务权益。在销售策略上，"中读"也先后做过数十次会员制产品推广的探索，其中，2018年春节推出的"打包你的全年阅读求知计划"裂变+营销，曾经8小时带来5万新会员，与财新等传统媒体合作推出的联合会员，也吸引了上万人加入会员。

（三）建立联结超级平台的渠道

在互联网上，流量基本集中在微信、微博、抖音、bilibili、今日头条这几个超级App上。通过新媒体矩阵的建设，与公域流量建立连接，为"三联"的产品提供源源不断的"活水"，构建自己的"护城池"，是转型成功的另一关键。

《三联生活周刊》在早期就开始布局自己的新媒体：2009年8月，"三联生活周刊"官微上线；2012年10月，"三联生活周刊"官方公众号上线。经过多年的探索与内容耕耘，这两个账号已经成为超级平台的超级头部，并实现了媒体传播、广告收益、内容电商等多重定位。

"三联生活周刊"微信公众号，全网排名前40名，2018年产生546篇10万+文章，日均1.5篇；2019年产生669篇10万+文章，日均1.8篇；2020年产生1105篇10万+文章，日均3篇。"@三联生活周刊"官方微博，2200万粉丝。2020年2月新冠肺炎疫情暴发，《三联生活周刊》记者最快速进入武汉现场，为大家呈现抗疫一线的真实状况，体现了媒体的社会担当。这些报道，通过新媒体矩阵的发布，起到了很大的传播势能，其中，《新冠肺炎：为何直到今天才引起更大注意？》阅读量945万，《新冠肺炎一线医生口述：大暴发期或将到来》阅读量1424万，《新冠肺炎重症患者：一床难求》阅读量983万。

内容的头部化也带动了传播收益的激增，广告收益连续三年高速增长，公众号的收益从2018年的2900万元增长至2019年的4000万元，2020年达到1亿元。微博的收益从2018年的500万元增长至2019年的750万元，2020年达到1500万元。经过"三步走"战略，三联的互联网收入占比从2015年的2%提高到2020年的80%，第一阶段转型成功。公司开启第二阶段转型之路。

第二阶段转型

融媒体转型无法速成，互联网是一条长跑赛道。第一阶段的成功仅是一个开始，我们还在进行更多创新和探索：

（一）《少年》

2020年，我们发行了一本新杂志《少年》，定位于9—16岁垂类（垂直领域，指为特定群体提供特定服务）人群。在完全不借助邮局、报刊亭等传统发行渠道的情况下，通过众筹、自有电商、分销等网络销售渠道创刊第二期，开印就超过10万册，成为2020年下半年的小爆款。

（二）"霞光里9号"

我们设想将《三联生活周刊》的办公地"霞光里9号"开发为一个主场文化产品，通过对开放空间的开发，实现内容的空间化表达，并开发文化产品的强社交属性。

（三）"三联人文城市奖"

利用媒体的评价系统将其产品化，落地成"三联人文城市奖"这样一个项目，打通专业与公众，为智慧城市创造内涵。2021年，我们会开发出"人文城市地图""人文城市论坛""城市盲盒""生活榜单"等更多产品形态。

开拓更多元的内容，提供更多元的服务，以满足"中产阶级"这一用户画像不同场景和细分层次的需求；布局短视频赛道，让年轻群体和新用户发现我们、找到我们；"中读"AI升级，利用大数据和科技创新，对平台内容进一步融合，实现内容数据化、数据资产化，是我们第二阶段的转型重点，也是我们团队正在做的事情。

在互联网时代，大家对内容的定义愈加宽泛。我们希望通过努力，使《三联生活周刊》不再是传统意义上的杂志，而是大家在碎片化时代可以汲取力量的地方，愿人文之光照亮每一个人的生活和远方。

（演讲者李琳，《三联生活周刊》"中读"事业部运营总监）

> **案例分析**

浅析以IP为内核提供知识服务的融合发展之路

　　IP即intellectual property，是近年来流行的词语，目前通用的译法为"知识产权"。IP的概念，目前较多地被运用于影视、文化等产业，通俗而言，IP实际上是版权的概念。

　　作为一家老牌的以原创内容见长的传统杂志，《三联生活周刊》近年来结合自身特点，从"松果生活"App开始尝试转型升级，在探索中确定了"互联网+"（微信、微博）思路及"1+n"（周刊整体转型+知识服务）的融合发展路径，以"中读"App为核心产品，以IP化运营为整体转型的核心路径，通过持续打造内容IP（如宋朝、唐朝、考古等系列专题）和个人IP（如杂志、名编、名记、音频课程、知名主讲嘉宾），进而搭建整个杂志的知识服务生态产业链，取得不俗的成绩，已初步形成持续有效的商业盈利模式，为其他传统期刊的转型升级提供了一条可供参考和探索的发展路径。

《三联生活周刊》近年融合发展的显著成果

　　《三联生活周刊》1993年试刊，1995年正式创刊（复刊），其前身为邹韬奋先生在20世纪20年代创办的《生活》周刊。杂志由中国出版传媒股份有限公司主管，生活·读书·新知三联书店主办，三联生活传媒有限公司出版。杂志定价为15元，每期144页，每周出版。

　　经营方面，根据中国出版传媒股份有限公司2018年、2019年年度报告数据，《三联生活周刊》在2018年、2019年平均期发行量均约16万册，营业收入均为1.16亿元。杂志2018年收入中，发行收入、线上收入（新媒体及其他）约各占一半，其中线上收入主要是微信平台的广告收入，"中读"App收入近1000万元。

新媒体业务方面，《三联生活周刊》现有杂志同名微信公众号、官方微博，还推出了"松果生活"App、"中读"App两个产品。"中读"App是内容发布和付费知识阅读平台，主打音频听书、听课功能，产品多与文学、历史、艺术、生活相关，深度挖掘生活·读书·新知三联书店雄厚的图书、杂志、作者等资源，并形成较为有效的收费模式。杂志同名官方微博粉丝超2100万，杂志同名微信公众号在新榜2019年中国微信500强中位列第40名，以2018年为例，年产阅读量10万+的文章共546篇。总体而言，从纸质发行量到新媒体平台影响力，《三联生活周刊》处于文化生活类头部媒体阵营。

《三联生活周刊》融合发展中鲜明特色的发展模式

《三联生活周刊》经过多年的发展、积累、沉淀以及探索，在媒体融合大背景下，慢慢形成了一套特色鲜明、效益显著的发展模式，主要包括三方面特色：

（一）内容生产形成鲜明的知识体系

《三联生活周刊》现任主编李鸿谷将《三联生活周刊》内容写作上的变化及创新概括为"碎片化写作"，即将整体的知识进行碎片化分解，用新闻手法写历史、知识，通过系列报道，又使碎片化的历史、知识形成知识系统。杂志进行了由早期新闻资讯的资讯方向转向以新闻手法写历史的知识方向的探索，逐渐形成了"原创、系统、潮流"的文体风格。他认为在当下媒体生态发生着深刻变化的融媒体时代，《三联生活周刊》赖以生存的"基因"是生产知识，而不是生产新闻。

知识是什么？李鸿谷认为，知识是经过系统化处理的资讯或者材料："只有系统化地处理，才能进入知识生产之路。"在策划推出《我们为什么爱宋朝》并获得读者好评后，杂志又推出了《我们为什么爱唐朝》的封面专题。李鸿谷认为，对一个朝代系统化地梳理，然后以杂志特有的逻辑和结构进行系统化呈现，就是生产知识的模式。系统化的原创知识体系，为后续的IP开发及知识服务奠定了坚实的基础。

（二）走以原创为本、版权为要、技术驱动的融合发展之路

2014年之后，《三联生活周刊》以"互联网+"（微信、微博）思路以及"1+n"（周刊整体转型+知识服务）战略为统领，从微博、微信平台着手，为融合发展做了整整三年的探索和准备，并在公司内部完成相应的机制体制改革。从2016年开始，创立"松果生活"App，尝试内部创业式转型，到2017年全面启动整体新媒体转型，内容不断升级，在升级过程中提炼出IP，围绕IP进行杂志内容的生产，同时开发出图书、音频、视频等系列产品以及知识服务。目前已上线松果生活、熊猫茶园、"中读"等产品，逐渐形成一个以原创为本、版权为要、技术驱动的知识服务平台，在消费升级和知识付费的领域找到了一条符合三联"基因"的转型、发展之路。

（三）以音频为融合发展的主打产品形态

"中读"App创立之初，李鸿谷最初的设想是将其打造为重构手机阅读快感的App，经过一段时间的试水、调整，重新调整定位，将音频产品确定为"中读"的主打产品。李鸿谷认为，在视觉超载、眼睛疲劳的海量信息时代，音频产品形态友好，可以解放身体，对空间、时间、接收模式相对自由。以《我们为什么爱宋朝》音频产品为例，作为第一款试水就爆款的产品，为杂志带来650万元的收入（版权卖了250万元，产品销售400多万元）。第一款音频产品的成功坚定了"中读"对音频产品的投入，目前已生产超过1200个小时的音频节目。在今后一段时间内，"中读"将继续专注于音频产品的生产。

《三联生活周刊》融合发展之路引发的思考

"以IP为内核提供知识服务"是《三联生活周刊》融合发展的核心路径，从最初创办"中读"App主要为解决"人地矛盾"（杂志版面承载量有限），确定"快慢之间有中读"的App定位，再到根据业务需要调整战略，将知识服务确定为盈利模式，并将音频产品确立为主打产品形态。这对发展方向、商业模式、产品形态、资源整合的探索和实践有不少创新举措，值得梳理和总结，为同类传媒提供有益的借鉴。归纳起来，《三联生活周刊》立足优质原创内容生产，并依托"中读"App、微信公众号的融

合发展之路，有以下四点启示：

（一）获得持续而充足的资金投入

作为上市公司第一款募投产品，中国出版传媒股份有限公司连续三年对"中读"App投入近亿元用于项目的启动、运营及发展，这笔资金解决了"中读"的后顾之忧，对项目团队在创新多元发展、上线新产品、招聘核心团队等方面起到了很好的保障作用，充足的资金是"中读"App成功的重要基石。

（二）以IP为核心形成知识服务的盈利模式

"中读"App第一个音频产品选择了具有销售潜力的宋朝题材（源于杂志的畅销专题"我们为什么爱宋朝"）并将之形成IP，进而升级为覆盖杂志（封面专题，2017年、2018年推出2期）、音频（"中读"App付费课程）、视频（卖版权给优酷，拍摄付费视频）、图书（中信出版社2018年出版）、文化创意等多种形式的产品矩阵。之后，"中读"团队一方面制作更多文化IP（包括唐朝、考古、民国人物等专题），另一方面扩张销售渠道，逐渐形成一条以IP化运作（内容IP、个人IP）为主要途径、以"头部内容（以版权为内核，包括精品课、个人专栏等）—年卡（收入主要来源，包括年卡、月卡等组合产品）—长尾（与高校、博物馆等建立合作，提供部分免费内容）"为具体内容的完整且功能各异的产品链，做到内容（产品）、技术、渠道齐头并进。目前，国内多数传统媒体融合发展面临的最大难题是暂未形成持续有效的商业盈利模式，"中读"App通过知识服务的付费收入形成相对稳定的盈利模式，为传统媒体转型升级提供了一套可供参考和探索的商业模式。

（三）打通传统媒体与新兴媒体新旧两张皮

习近平总书记关于媒体融合有一个形象描述——要尽快从相"加"阶段迈向相"融"阶段，从"你是你，我是我"变成"你中有我，我中有你"，进而变成"你就是我，我就是你"。从"三联生活周刊"微信公众号内容生产的情况来看，他们通过内部管理边界的划分，较好地解决了新旧"两张皮"之间的融合问题，几名新媒体内容编辑主要负责杂志微信、微博内容更新推送，其中微信公众号约有40%的内容来自杂志。杂志社赋予几名年轻的新媒体编辑一定的自主权，新媒体编辑可对杂志编辑记者（包括主笔、主任记者）的稿件进行筛选，根据新媒体传播的特点，拥有标题、配图的决定权及对内容进行改写的编辑权。这个过程看起来普通自然，但在部分传统出版单位中，新媒体小编改写名编名记的稿件存在实操层面的障碍，在《三联生活周刊》这里，通过边界的划分，明确每个部门、每个岗位的职权，边界清晰，较好地解决了这个矛盾。为了鼓励杂志采编向新媒体供稿，在考核设置上，特别允许每个记者每年发稿任务中用于新媒体的稿件计算在总任务中。如果记者的稿件在新媒体流量表现优秀，回馈也会丰厚，流量高的文章会有相应的奖金奖励。

（四）打造多支点的复合人才队伍

《三联生活周刊》的人才池较大，对优秀人才的发展具有一定吸引力，核心采编团队相对稳定，目前在杂志工作时间超过十年的员工较多。在人才队伍建设方面有三点值得借鉴：一是给采编人员建立坐标体系。杂志对稿件的质量要求较高，明确采编的任务就是做好传统内容，记者只专注于写好报道。为了激励记者写出好稿，杂志在采编成本方面投入较大。杂志要求主笔及以上的骨干，每人每年要有一个出书计划。二是为优秀人才保持相对宽松的工作空间。一个记者成长为主笔、资深主笔之后，杂志将给予较大的自由空间，比如曾给一名资深主笔几个月的时间，只为专心采写一个几万字的封面故事。三是发展多支点的人才战略，每名采编都有自己专注、擅长的领域，杂志同时发展多名主笔、资深主笔，形成多个人才支点，支撑内容板块，从而避免因个别业务骨干流失而造成大的影响。

（作者刘旭涛，南方出版传媒股份有限公司总编室主管、副编审）

> **专家点评**

优质内容是媒体转型成功的撒手锏
——简评《三联生活周刊》

在传统媒体时期,《三联生活周刊》一期杂志的营收就超过1.28亿元,其中利润高达5800万元。但是,在当下的新媒体环境,这种好日子一去不复返,危急关头,《三联生活周刊》推出了"中读"App,把生产重心转移到了新的数字平台上,比较好地完成了媒体转型。

《三联生活周刊》的转型经验告诉我们,传统媒体要完成转型,需要在平台搭建、技术运维、生产组织、采编理念、呈现形式、考核机制等各个方面进行创新,缺了哪一个环节都可能功亏一篑。

在转型成功的诸要素中,我们可以看到传统媒体基因在新媒体环境下所散发的强大魅力,它所创办的"中读"App是一个知识付费类型的平台。这个平台上的内容以精品自制为主,与很多主打聚合的App形成了鲜明对比,构成了自己独特的竞争力,这些自制内容和《三联生活周刊》时期形成的比较突出的原创能力是分不开的。

在过去几年的媒体融合发展中,有些传统媒体盲目向互联网公司学习,学习互联网公司的聚合和分发,但是受限于自己的技术、资金以及组织管理方式,这样的发展很难收到成效。反观《三联生活周刊》这一类媒体,充分延续和挖掘自己的原创生产能力,在浩如烟海的资讯中塑造独特的内容生产定位,努力打造专属的内容IP,反倒是走出了相对成功的一条转型路径。

传统媒体转型,既不能单纯固守本来的那张纸,也不能丢弃原来的那张纸。

(作者窦锋昌,复旦大学新闻学院教授)

09 快手

得益于互联网的发展和移动设备的小型化，每个人都能通过短视频及直播的方式记录生活并向他人分享。快手自2011年创立，截至2020年年初，日活跃用户已经超过3亿，库存视频数量已经达到200亿条。2018年，快手成立扶贫办公室，探索消费帮扶新路径，深入扶贫产业，从内容、电商、文旅、教育等多方面进行尝试。经过3年的发展，已经探索出一个以直播助农为主要手段，以实现贫困地区可持续发展为目的，以全链路精准为要求，以积极动员全社会力量广泛参与为核心的消费扶贫创新模式。快手的经验说明，平台能借助自身的科技力量和优势，主动承担社会责任，为乡村发展带来无限可能。

> **主题演讲**

直播助力农产品上行，探索消费帮扶新路径

大家都知道，中国脱贫攻坚成果举世瞩目，全国832个贫困县已全部脱贫摘帽，5575万农村贫困人口实现脱贫。中国减贫对世界减贫的贡献率超过70%，我国将提前10年实现联合国《2030年可持续发展议程》的减贫目标，中国的扶贫经验也为全球减贫事业提供了重要参考。其中，消费扶贫是帮助贫困群众增收脱贫的重要方式，消费帮扶也成为"十四五"时期巩固拓展脱贫攻坚成果、全面推进乡村振兴的一个重要举措。

谈到消费帮扶，不得不提直播带货是消费扶贫的一大亮点。先说一个例子，太平，家住内蒙古自治区锡林郭勒盟乌拉盖管理区，当地人口才1万多，但是他在快手平台拥有31.6万粉丝。太平只有小学文化，但靠拍视频卖牛肉干，现在年收入过百万元。乌拉盖大草原因地处偏远，贫困是当地人的普遍状态。太平以前当过保安，给人开车。2014年，《狼图腾》剧组的到来给太平带来了一个新的转机。通过这部电影，太平的家乡开始被大家看见，不少外地游客都来到这里旅游。全国游客蜂拥而至，走在街上，太平不止一次被拉住询问："哪里有最正宗的特产卖？"彼时还在打工的他隐约意识到，也许机会要来了，于是他借来3万元开了一家特产店。然而，由于乌拉盖草原一到冬季就特别冷，气温常常低于-40℃。每年的旅游旺季只能维持两个月，时间一过，这里几乎没有游客。太平店里的生意再度冷清，全年销售净利只有2万多元。

在朋友的建议下，2017年底，"太平哥"（快手ID：tp1351342108）首次尝试在快手直播卖牛肉干，第一场直播时，三五分钟就关了。因为他从小说蒙古语，不会汉语，所以直播中粉丝问了什么问题，他都先用蒙古语在脑子里过一遍再用汉语表达，甚至很多字他都不认识。后来，他靠翻

字典一点点学习，太平开始通过快手向用户们介绍乌拉盖大草原的辽阔风光和牛肉干的制作过程。渐渐地，他的牛肉干生意火起来了。

2018年至今，太平在快手上的牛肉干销售额已突破1500万元，帮助当地几十户牧民增加了收入。2020年，太平的生意规模进一步扩大，建起了占地510平方米的牛肉干加工厂，并雇用了12名当地贫困户当员工。从一个人的单打独斗到成为快手幸福乡村带头人，"太平哥"不仅自己脱贫致富，还开始雇佣大学生，开展工厂化运营。越来越多人在"太平哥"的带动下有了稳定的收入，共同助力家乡发展。

在快手，类似太平这样的用户还有很多。通过创新直播带货，四川甘孜高原上的藏族姑娘格绒卓姆登上了《时代周刊》；通过每天打卡家人围桌吃饭的视频，扶贫第一书记张飞把偏远山村变成网红打卡地；还有全国人大代表梁倩娟靠直播助农不仅获得省委书记认可，还成为陇南远近闻名的电商扶贫带头人。这些普通乡村用户打开快手，在一系列转变的背后，除了作为带货主播所展现的过硬的业务能力以及鲜明的个人特色，还有赖于快手平台赋能中小卖家，为其带来流量红利与精准转化，借助快手文化氛围，进而实现商业模式新突破。他们拍下家乡美景、风土人情，收获的每一次点赞、评论、打赏，不经意间就开启了个人成长的契机，在个人致富的同时，也带动所在地有效脱贫。

快手拥有海量用户，2020年上半年，快手的中国应用程序及小程序的平均日活跃用户为3.02亿。互联网赋能扶贫，也落实践行"普惠"理念，让每一个人找到自己的幸福感。2018年，快手成立扶贫办公室，探索消费帮扶新路径，深入扶贫产业，从内容、电商、文旅、教育等多方面进行尝试，先后推出"福苗计划"电商扶贫活动、"百城县长直播助农"系列直播，始终致力于以自身技术优势赋能广大贫困地区，为地区制造源源不断的内生动力，助力地区脱贫。截至2020年6月30日，有2000万人在快手获得收入，其中很多人在偏远地区。从某种意义上说，快手第一次真正实现了村庄与村庄、乡村与城市之间的平行连接，而连接产生的是无数新的可能。

我们的"福苗计划"电商扶贫活动，仅2019年就开展了6场大型扶贫直播活动，覆盖全国40多个贫困县，累计进行了500多场直播带货活动，助力超过18万建档立卡贫困户实现增收。经过3年的发展，快手已经探索出一个以直播助农为主要手段，以实现贫困地区可持续发展为目的，以从人到供应链的全链路精准为要求，以积极动员全社会力量广泛参与为核心的消费扶贫创新模式。

不只是快手平台，直播带货可以说是一个时代的大潮，下面分享一组数据。

据中国互联网络信息中心（CNNIC）发布的第46次《中国互联网络发展状况统计报告》，截至2020年6月，我国电商直播用户规模为3.09亿，国内电商直播超过1000万场，活跃主播数超过40万，上半年直播带货500亿人次观看。电商直播作为新业态的典型代表，成为发展势头最迅猛的互联网应用之一，为促进传统产业转型、带动农产品上行提供了积极助力，同时电商直播成为各级政府提振经济、拉动消费的新增长点。特别是销售农产品方面，将产品从田间运送到餐桌，"短视频+直播"形式成为当下最便捷的电商渠道。

今年疫情发生以来，我们看到很多机构和平台探索实施了"短视频、直播+扶贫"的消费扶贫新模式。利用互联网拓展销售渠道，切实解决受疫情影响严重地区的农产品销售问题，为消费扶贫纵深发展提供了新路径。

再分享一下疫情期间我们开展的几次扶贫直播带货活动。

4月12日晚，快手联合央视新闻发起"谢谢你为湖北拼单"直播活动，两小时就卖出6100万元热干面、小花菇、红薯粉等12种湖北特产和农副产品，累计观看人次达到1.27亿，点赞1.41亿。

6月15日，举办"寻味新疆 公益扶贫"大型电商直播活动。活动现场，自治区人民政府副主席化身主播与广大网民进行互动，介绍新疆优质农产品，为新疆代言。还有和田县委常委、副县长冯斌作为今年新一批援疆干部，用极具感染力的真挚情怀，介绍了美丽的和田并推介和田县优质核桃及红枣。说到和田县的贫困现状，县长现场哽咽了，呼吁全国消费者为国家深度贫困地区贡献一份力量。此次公益直播活动成绩喜人，3小时就推销了滞销农产品65款，覆盖新疆和田县、洛浦县等14个县市，总体观看人次达5100万，销售额共计1949万元。

2020年，快手扶贫发起的"百城市（县）长，携手助农"活动，邀请市、县领导连同快手达人直播带货，多链路直播销售农副产品。这些县长在直播间使出十八般武艺，有人唱起山歌，有人现场下厨，还有人推动石磨，展示米粉制作过程，效果都非常好。目前该项目已经和全国超过50个地区的政府部门达成合作，开展200余场直播，销售超3.6亿元。每周都有不同省、市、县级领导走进直播间，销售地区农特产品。

如今，快手直播助农已经形成"政府+平台+企业+农户"的形式。由政府主导，推荐当地具有带贫机制的企业，平台发挥优势，在供应链环节赋能当地企业。当地企业通过向建档立卡贫困户收购原材料、提供就业岗位等多种方式，精准帮扶建档立卡贫困户，实现精准扶贫。最重要的是，贫困地区的群众能够慢慢接触到市场，更多地进入市场。

在新基建的背景下，快手希望借助更流畅的网络体验、更沉浸式的体验，让城市用户和乡村用户在通畅的信息高速公路上，有更自由的空间去感知产品。通过5G技术优势，通过直播电商的顺畅体验，更直观地看到产品的种植、养殖、收割等生产全流程。我们也希望，在快手平台，消费帮扶工作能够提档升级，推动消费帮扶工作不断向规范、有序、可持续的方向发展，助力脱贫攻坚成果巩固、乡村全面振兴，促进全体人民共同富裕。

（演讲者宋婷婷，北京快手科技有限公司副总裁、扶贫办公室主任）

案例分析

"短视频+直播"助力乡村振兴

快手是一家短视频社交平台,在过去八年时间里,得益于互联网的发展和移动设备的小型化,每个人都能通过短视频及直播的方式记录生活并向世界分享。其实记录一直都存在,也一直被科技推动着,从最早的结绳记事、甲骨文、文字,到后来有了录音机、声音的记录,再到后来发明了照相机,有了照片,有了摄像机,到今天的4G、5G时代每个人的手上都有一个小小的镜头,每个人都可以把自己生活中的片段通过短视频记录下来,放到网络上分享给全世界的人。通过这种方式,建立起人和人之间更加真切的连接,比过去的文字、声音来得更加温暖。

如今,短视频让记录的门槛降到了历史最低值,过去的文字记录是世界上少数的、不到10%的人留下来的,而今天90%以上的人都可以拍摄短视频,记录自己的生活状态与所见所闻。短视频作为一种媒介形式,承载的信息量更大,影像也跨越了种族和语言。短视频的内容更容易被不同地区的人理解和接受,所以我们说,影像不仅是人类构建记忆的载体,还是全球化的表达方式,实际上快手的业务发展正源于此。快手自2011年创立,截至2020年初,日活跃用户已经超过3亿,库存视频数量已经达到200亿条。快手上的内容覆盖方方面面,用户遍布全球各地,是人们现实生活在网络上的全息投射,短视频的互动使得人工智能成为可能,人工智能需要人类进行标注。每个人在视频上的每次点击、关注都成为分析的基数,通过AI大数据的算法,让人和人建立起更精准的连接。

快手自成立以来,坚持"普惠"的流量分配原则,通过"短视频+直播"的方式,使得中国每一个乡村都能够被看到,从而与外界产生积极的连接,这种连接将带来无限的可能性。

普惠的流量分配原则，为乡村发展带来无限可能

在全国的贫困县中，每5个人就有1个是活跃的快手用户，快手在国家级贫困县记录生活的视频条数超过11亿条，点赞数超过247.2亿，播放量达6000亿。平均每个县每天都有几千条视频上传到快手，在快手上，我们看到很多发生在中国乡村的神奇故事。乡村用户打开快手，拍下家乡美景、风土人情，每一次收获来自他人的点赞、评论、打赏，不经意间就开启了个人成长的契机，在个人脱贫致富的同时，也带动当地发展文旅、推广山货、传承"非遗"。这样的案例在全国乡村地区普遍发生，一条精准助力脱贫攻坚的新路径业已形成。

图9-2-1　20位幸福乡村带头人共聚清华大学

2018年，快手发布了"幸福乡村"战略，旨在通过快手挖掘和连接中国乡村的人与货。这个项目启动至今，已经发展成中国首个乡村创业者成长孵化器，培育出了25家乡村企业和合作社，发掘和培养了43位乡村创业者，提供了超过120个在地的就业岗位，累计带动1000户贫困户增收，影响覆盖数百万人。下面通过几个案例来帮助大家更清晰直观地了解快手。

第一个用户叫"浪漫侗家七仙女"，策划者是在盖宝村担任扶贫书记的吴玉圣。

图9-2-2 快手用户"浪漫侗家七仙女"

2018年初，黎平县纪委吴玉圣被派到盖宝村担任扶贫书记。如何带领村民脱贫，让吴玉圣很苦恼。思来想去，吴玉圣决定试试短视频平台。他寻找到七位美丽的侗族姑娘作为视频主角，为快手老铁们介绍侗族的风土人情。"浪漫侗家七仙女"以前在县城上班，每个月工资大概只有1500元。如今，"浪漫侗家七仙女"的粉丝超过36万，每天的直播收入就有1000多元，并且带动了侗布等"非遗"手工艺品的销售和当地旅游业的发展。现在宝盖村已经全面脱贫，央视多次给吴玉圣和侗家姑娘们点赞，对短视频开辟扶贫新路作出肯定。

第二个用户叫"迷藏卓玛"，卓玛是四川省稻城县赤土乡贡色村人，从她家出发，先要走3公里草地到达公路，再凭运气搭路过的车，再经过1小时的车程才能到达稻城县城。就是在这样一个交通极不方便、基础设施不完善的偏远高原地区，卓玛通过快手拥有了130多万粉丝，一个月就通过快手电商帮村子卖了30多万元的虫草。听闻卓玛的事迹后，当地县政府很重视，卓玛夫妇二人应邀到县里和邻县给领导上课，成为稻城亚丁县2018年电商扶贫先进个人。另外，在县发改委的支持下，成立了农民专业合作社，统一收集、标准化生产冬虫夏草，带动当地村民一起致富。

第三个用户叫"杨丽丽"，她来自内蒙古自治区锡林郭勒盟多伦县。杨丽丽曾在北京工作3年，后来回到家乡多伦县，开始专门学习制作"非遗"麦秸画。如今，她已在县城开了自己的麦秸画工作室，并坚持通过快手向外界展示麦秸画的制作过程，来自快手老铁的订单也已成为工作室重要的订单来源。除了传承麦秸画技艺和草原文化，杨丽丽工作室还雇佣县里推荐的贫困户。在短视频时代来临之前，他们或许一辈子只做一件事情，他们的技艺鲜有人知，但是现在这种情况正在悄然改变。

图9-2-3　快手用户杨丽丽正在展示麦秸画的制作过程

在快手上，从国粹京剧到侗族大歌，许多散落在乡间田野的"非遗"技艺正在被挖掘出来。目前1372项国家级"非遗"项目中，快手涉及的有989项，占比72%。2018年，快手累计出现1164万条"非遗"视频内容，共250亿播放量和5亿点赞量，这些记录本身就是价值。

赋能计划实现乡村可持续发展之路

乡村是城市无法替代的，乡村不仅拥有供养城市的生产价值，还是传承古老、多元文化的载体，快手的赋能计划更具可持续性，实现了一条以农村人自身为动力的可持续发展之路。我们正在做的事情就是赋能农村人自身的发展，同时帮助更多农村人转变发展思路，跟上时代的脚步，学会使用互联网及短视频，打破闭塞的信息通路，激发乡村的内生动力。案例一，2018年张家界与快手合作，通过赋能用户，鼓励当地人参与传播，我们收获到上千名旅游从业者入驻快手，从而吸引众多游客前往参观，带动张家界全域旅游的发展。案例二，2018年，"爱媛橙"在快手平台的销售规模约4000万元,销售额约为1.57亿元。约82%的卖家在快手卖货之前家庭年收入不足10万元,其中约20%的人是政府建档立卡的贫困户。约70%的卖家认为,在快手卖货之后家庭生活水平有不同程度的提高。

多方向探索"短视频+直播",助力乡村振兴

快手从流量、教育、电商、生态等方向探索"短视频+直播"助力乡村振兴的模式。为了进一步发掘各地的文旅资源和乡村资源,助力乡村振兴的发展,2018年,我们开展了"打开快手,发现美丽中国"的项目。我们还成立了快手大学,致力于通过系统培训,系统化消解信息不对称、教育资源不平衡的现状,让每一个学员在运营技能、运营理念及个人商业能力打造上拥有自主能力,通过人才的聚合与成长,解决地方、产业发展的难题。

2018年2月,党的十九大提出全面部署实施乡村振兴战略,近日中共中央办公厅、国务院办公厅又印发了《数字乡村发展战略纲要》,提出到2020年,数字乡村建设取得初步进展,全国行政村4G覆盖率超过98%,农村互联网普及率明显提升。乡村4G深化普及、5G创新应用,城乡"数字鸿沟"明显缩小。在未来的5G时代,相信我们会拥有更多自动化记录设备,无论是山川河流还是房屋街道,都会配备各种各样的传感器,把这世界的变化、地球的脉搏都记录下来。

作为深具企业责任感的公司,快手基于自身强大的技术和"普惠"的理念,希望带来精准的连接属性。我们将借助自身的科技力量和平台优势,从各个角度入手,助力乡村振兴建设,为乡村振兴插上翅膀。

(作者宋婷婷,北京快手科技有限公司副总裁、扶贫办公室主任)

> **专家点评**

快手：从"被看见的力量"到"赋能扶贫"

快手上线之初的口号是"被看见的力量"，其背后隐含了快手希冀依靠技术、平台为用户赋权的基本定位。于是，技术的聚光灯"普惠"到那些曾经被社会遗忘的角落，普罗大众开始以"网红"的名义活跃在算法的世界里。人们一边流连于"刷"手机获得的感官刺激，一边慨叹"时光一去不再回"，逐渐对这种赋权所带来的虚幻满足感产生审美疲劳甚或质疑消解。赋权之后该怎么办？这种权利应该如何被引导？如何彰显技术"向善向上"的价值追求？"赋能扶贫"则是快手给出的回答。

互联网促成万物皆媒、万物连接的新传播时代的来临。快手的"赋能扶贫"，既是赋能于乡村与农户，又是赋能于城市与企业，着力搭建"短视频、直播+扶贫"的消费扶贫与直播助农的新模式，推动村庄与村庄、乡村与城市、农户与企业之间的多维连接，强化流量打造扶贫生态，推进"政府+平台+企业+农户"多元参与主体，共同开启一条农户、平台、企业积极参与国家精准扶贫战略，实现乡村振兴的新进路。

2021年2月25日，全国脱贫攻坚总结表彰大会，快手四名用户获得"全国脱贫攻坚先进个人"。这表明，快手的"赋能扶贫"实际上是在国家战略、用户需求与平台发展之间寻求对接点，这不仅是扶贫战略的创新，也是平台动员社会公众参与国家经济发展与社会治理的一种创新，还是落实践行"普惠"理念，帮助每一个人找到自己幸福感的重要路径。

（作者刘勇，复旦大学新闻学院教授、博士生导师）

10 丁香医生

丁香医生是丁香园旗下，面向大众提供健康知识、产品、服务的团队，是医疗健康领域非常具有影响力的传播主体，依靠众多专家的深度参与和支持，持续产出普通人也能看懂的、可信赖的健康内容。新冠肺炎疫情期间，丁香医生秉持着专业性和时效性并存的理念，成为疫情期间人们获取防疫知识、了解疫情发展的重要信息渠道。健康医疗层面的专业与传播层面的专业相结合，成就了丁香医生的影响力和声誉。

" 主题演讲

丁香医生如何破圈

丁香医生是丁香园旗下，面向大众提供健康知识、产品、服务的团队。大家可能或多或少听说过我们的新媒体矩阵，其中主要包括四个品牌：丁香医生、丁香妈妈、丁香生活研究所和偶尔治愈，分别负责不同的内容方向。

借助近几年新媒体行业的快速发展之风，从2014年到现在，丁香医生通过多种内容形式，传递我们所倡导的健康生活理念，在全网获得了一些还不错的成绩。我们的用户，主要覆盖当下中国对健康比较敏感的几类人。我们应该是健康这个垂类中，传播声量比较大的一个品牌。

相信有些人可能是在2020年新冠肺炎疫情期间认识我们的。我想以疫情为例，来讲一讲丁香医生是怎么从一个专业论坛中被孵化出来，逐渐成长为一个在垂直领域有一定影响力的机构媒体。其实这次疫情是非常突然的事件，对丁香园丁香医生来讲，也是一次非常大的挑战。

大家印象中比较熟悉的，可能就是疫情地图以及我们产出的大量科普内容。在新冠肺炎疫情期间，这两个线上内容产品确实获得了广泛的传播，比如"新冠肺炎疫情实时动态地图"，它是全球第一张疫情地图，这样单个产品的流量就有40多亿次。同时期丁香医生生产的内容也获得了40亿次的查看，这对整个丁香园团队来讲是非常值得关注的历史时间点。

决定做疫情地图这个产品，是在2020年1月20日。为什么我记得这么清楚？因为我们第二天就放假了，整个项目可以说是一群分散在五湖四海，甚至正远在国外度假的人，线上协作完成的。为什么我们要做这件事？我印象很深的两句话是："这件事如果丁香医生都不关注，我们还能指望谁？""我们不设任何KPI（关键绩效指标）。"做这个产品的时候，我们自己都没有预料到它能成为一个爆款。当时的想法很简单：这是一次潜在的重大公共卫生事件，但现有的信息太乱太杂了，我们需要整合一下，才能更好地展示给我们的用户。就是这么简单的想法，支持我们产出了全球最早的疫情地图。

我们之所以能这么快，其实有一些先天优势。丁香园丁香医生有很多专业人士，有从疾控中心出来的，有学病毒学的，也有研究流行病的，甚至有公司的创始人和高管是神经科和骨科医生。所以，对于这些信息，团队会有天然的敏感性和一些主观的预判。

我们一直在跟进疫情的相关消息，2020年1月20日，从全公司抽调了一百多人成立应急小组，包括技术、数据、内容、社区、设计等多个部门。21日凌晨，疫情地图这个产品就上线了。

第一版的疫情地图其实很简单，主要就是各地的数据更新，我们的标准首先是"准"，然后是"快"。但要实现这两个字，其实还挺难的。因为当时的数据来源比较乱，各家媒体报道的都不一样，我们只好专门去各地卫健委的官网搜索，然后自己把数据拿回来算：到底有多少人是疑似病例，之前疑似的有多少个被确诊了，还有多少个阴性……这个工作量特别大，我们专门建了一个在线表格，有时候一个数据对不上，就要重新算老半天。

疫情地图上线后，用户也给了我们很多反馈，例如想知道各省市的具体数据，有哪些最新消息，他家里通报的数据和地图里展示的不一样，等等。这些反馈都很好，是用户最直接的需求。这帮我们发现了一些错漏数据，也推动我们进行产品迭代，例如后来上线了各省市的数据动态预定功能，开辟了"最新消息"模块，等等。

获得实时的、动态的疫情数据，不仅是国内大众的需求，国外的一些媒体以及医学研究机构也都关注丁香医生产出的数据，并以此进行报道和研究。在展示数据的同时，我们发现很多用户其实并不知道这些数据该怎么看，数据高了或低了意味着什么。我们后来专门推出疫情日报，对当日的疫情变化进行解读，帮助大家更好地理解目前的疫情状况，预测接下来可能会有什么变化，并提出一些建议。

后来疫情的日报逐渐变成周报，国内数据变成国外数据……一开始我们没有想到过这些调整，都是看到了问题和需求，然后快速做出调整。

这都是一些比较大的事情，但其实我们还做了很多细节上的设计。例如，在疫情日报的最后，我们会结合当天情况对用户说一句温暖的话，希望让大家在严峻的疫情中感受到一点希望。就这么一个小点，有不少读者在评论区和我们积极互动，甚至有人把这些话截图发到微博上以表达感动，我们自己也觉得这样互相激励的行为挺感动的。

说完疫情地图，我们再来聊聊内容。在疫情期间，我们做得最多的一件事就是联系专家，包括急诊的、呼吸科的、公共卫生的、病毒学的、流行病学的甚至化工领域的……基本上做到了每个相关领域都有专家随时提供专业上的帮助。

这些内容和选题从哪儿来呢？一部分是我们根据经验判断的，但更多是读者问的。举个例子，疫情刚暴发的时候，我们就提倡大家出门戴口罩、勤洗手，这时读者的问题就来了：一次性医用口罩和防雾霾口罩是不一样的，我这个口罩该怎么戴？我们讲完了戴口罩，又有用户问，N95和N90口罩有什么区别？医用的外科口罩和护理口罩又有什么区别？

这些问题真的很细，甚至很多专家在此之前都没有仔细研究过，但它们都是用户当时最直接的关注点。后来，我们仅与口罩相关的文章就写了不下十篇，从材质到挑选，从佩戴到保存，基本覆盖了方方面面，负责这个领域的同事自己都成为半个口罩专家了。

除了实用、专业，疫情期间我们的内容还有一个特点就是"快"。内容组的同学基本上是轮流值班，随时待命，最晚的一篇内容是凌晨三点写的。这些产出的内容，被我们制作成了各种图形，在所有渠道上进行分发，让我们的努力获得了最大的曝光和传播。一些大全型的文章，还被翻译成多种语言版本。非常感人的是，这些翻译工作基本上是来自世界各地的志愿者免费做的。

除了疫情地图和科普内容，我们这个一百多人的应急小组还做了很多别的事情，例如组织医生，提供在线问诊，甚至是义诊。我们的医生运营团队联系专家在线给医生进行培训，帮助他们更快更好地掌握新冠肺炎的最新诊疗方案和知识等。

回过头来看，疫情期间做的这些事，是一次大型的实战练兵。

项目结束之后，我们的董事长邀请了应急小组的主要成员进行面对面沟通，其中大家普遍提到"专业""协同"两个词。因为有专业做支撑，我们发现并且抓住了传播的势能。因为协同，我们虽然分散在各地，但都为同一个目标努力。这个目标，叫作"以用户价值为中心"。

坦白地说，丁香园团队不算大，我们的成员也没有很丰富的媒体经验。为什么我们能够成长起来？无论是疫情期间，还是我们平时的选题会，我们都会问这样一个问题："Why us?（为何是我们？）"

医疗健康是一个自带特殊属性的领域，信息和信任都存在高度的不对称。我们经常可以在网上看到这样的抱怨：普通老百姓抱怨医生说的东西听不懂，抱怨自己辛苦排队几小时而医生看病只用了几分钟，抱怨医生病没给治好而药和检查开了一大堆……医生也会觉得有点冤：自己每天看几百号病人，忙得水都喝不上几口，更没有时间慢慢解释。

丁香医生一直以来做的事情，就是持续产出普通人也能看懂的、可信赖的健康内容，拉平这种不对称。

我们为什么能做到呢？

很关键的一点是，背靠大树好乘凉。这棵大树，就是丁香园。很多人不知道，丁香园其实是一个成立了20年的公司，最开始是一个面向医生的专业论坛。在这20年间，丁香园汇聚了中国众多的医护资源，70%的医生都是丁香园的注册用户。

这就给丁香医生的发展提供了一个很大的便利：找专家。

从2014年注册公众号开始，丁香医生的内容一直都有专家深度参与。为了保证专业和客观，我们的内容生产流程中还引入了论文的审核机制——同行评议。在微信的红利期，靠着这类"够专业又看得懂"的内容，丁香医生完成了冷启动。但丁香医生的发展过程并不是一帆风顺的，我们一直在主动求变，主动寻找势能。5年多的时间里，我们内部做了4次内容上的大迭代。

例如，在刚才说到的冷启动期，我们主要针对一些常见疾病进行科普，但病就那么多，写完后写什么？这时候正好发现了平台和用户一个非常强烈的新需求：辟谣。如果大家还有印象，有一段时间健康类谣言真的满天飞，普通用户根本分不清真伪，平台也很头疼。当时我们迅速决定成为微信官方合作的辟谣团队，辟谣本身的流量以及平台的扶持让我们再次成长。

但谣言被辟清的次数多了，慢慢就成了常识，而且微信平台的红利逐渐消失，我们进入了一个非常痛苦的增长停滞期。这时候的变化是扩大人群，拓展能力。我们的内容从一开始的疾病知识，扩展到了健康，然后继续升级到生活方式。同时，组建了具备采编能力的新团队，例如"偶尔治愈"这样的深度内容团队，拓展科普之外的故事内容和社会话题。做了这样的调整后，我们产出了莎普爱思、权健等爆款内容。团队也对传播有了更多思考。

说到团队，有个挺有意思的现象。丁香医生一开始其实是媒体领域的一个杂牌军。刚成立的时候，组里的人基本是医学生，学临床的、药学的、营养的、影像的……当然，随着内容的迭代和团队的扩大，现在我们的来源构成比较多了，学新闻、广告的都有。

但当时，团队缺乏传播学的基础和经验是很大的劣势，如果有这些方面的基础和经验，我们也许能做得更好。不过，这种浓厚的医学氛围也有一些好处，例如做内容的时候，我们会经常用医生做事的逻辑去思考，最典型的就是跟热点。我们套用的是妇产科的DDI（决策交付间隔）机制，简单来说，就是根据一些信息进行快速判断，做出决策。这样的机制，保证我们在面对热点时可以在半小时内决定跟或不跟以及怎么跟，最快2小时完成内容上线。

另外，和报纸杂志不太一样的是，新媒体能够拿到比较准确、多样的数据。我们会不断强调一件事：用PDCA（质量管理四个阶段，即计划、执行、检查、处理）这个工具，对每一篇文章的内容、每一周的工作复盘。

再简单介绍一下我们的选题机制，我们会问三个问题：这个选题是给谁看的？给他们提供了什么价值？他们看完之后是什么情绪？每一个选题，都是通过这样的机制讨论出来的。

以上内容都只是流程、制度和工具，一个团队必须有自己的文化，包括考虑我们的底线是什么，以及做事情要执行落地拿结果。团队再优秀，如果没有好的文化，也只会是一盘散沙；如果大家不能向一个方向努力，只会互相"甩锅"，这样是做不成事情的。

最后，丁香园的愿景是健康更多，生活更好。这也是我们所有同事的共同目标。

（演讲者董洋，丁香医生新媒体主编）

> **案例分析**

疫情下健康类自媒体传播特征研究
——以"丁香医生"微信公众号为例

新冠肺炎疫情期间的"丁香医生"微信公众号

丁香医生作为新一代的大众健康品牌，主要专注于医疗健康领域，通过提供深度医学信息，在医疗健康领域成为有着重要话语权的健康传播主体。"丁香医生"微信公众号作为丁香医生的一个垂直分类，则是其传播矩阵中最具优势的表现渠道。

在新冠肺炎疫情报道中，丁香医生秉持专业性和时效性并存的理念，成为疫情期间人们获取防疫知识、了解疫情发展的重要信息渠道。除了推送普及健康防疫知识的文章，还增加了"疫情地图""每日辟谣"等版块，公众号内容承接着受众对防疫信息的需求，在医疗健康类自媒体中具有显著代表性。

健康传播与"5W"模式

有关健康传播的概念目前还没有形成统一界定，代表性定义是1994年美国传播学者罗杰斯提出的："健康传播是一种将现代的医学成果转换成大众的健康知识，并通过人们态度和行为的改变，以降低疾病的患病率和死亡率，有效提高一个社区或者国家的生活质量或健康水平的行为。"促使健康传播达成的重要因素，则是1948年美国学者拉斯韦尔提出的"5W"模式，即传播者、传播内容、传播渠道、受众和传播效果五种要素。

疫情期间"丁香医生"微信公众号的传播特征

（一）作为传播者发布权威消息

霍夫兰的说服效果研究认为，信源的可信度越高，说服效果越大。从传播者丁香医生的角度来看，信源的权威性和可信度是说服受众的重要条件。丁香医生在疫情期间多以中国疾病预防控制中心、人民日报以及各省市地方卫健委等官方数据为信源，24小时持续跟踪官方披露的数据，做到及时、准确地发布信息，增强了内容的可信度。

在"丁香医生"微信公众号传播防疫信息的过程中，信源的权威性主要受防疫内容专业性的影响。作为医疗健康类自媒体中的专业意见领袖，丁香医生团队中有诸多专业的医护人员以及科研人士作为健康防疫知识的传播者，这一庞大的专业资源成为保障其内容生产专业性的重要条件。在涉及医学知识的防疫推文中，丁香医生坚持通过查阅参考文献以及医生专家、研究人员的科学审核对健康防疫内容进行筛查，保证了防疫信息来源的权威性。

（二）扩大传播渠道

为了迎合新媒体环境下用户的碎片化阅读习惯，丁香医生主要在午间12点到2点、晚间8点到11点这两个时间段对广大用户进行即时且大规模、碎片化的健康防疫信息传播，在扩大和提高了防疫信息传播规模以及效率的同时，合理且规律的推送时间能够让更多用户接收到防疫知识，从而做到健康信息传播最大化。

另外，用户阅读完推送的防疫信息后，可以在文末点亮"在看"以及转发到朋友圈或微信群，实现信息的再传播，而好友的阅读、转发甚至会使信息进一步发生裂变式传播。这种稳定的社交方式结合高互动频率的人际传播，一定程度上拓宽了防疫信息的传播渠道，扩大了防疫信息的覆盖范围。

（三）发布与传播健康防疫内容

1. 内容主题贴合疫情所需

"丁香医生"微信公众号在疫情期间推送的健康防疫信息共有多个主题类型。既有以预防新冠肺炎为主的日常科普专题，又有每日播报、疫情日报等固定版块的实时通报。尤其在疫情期间谣言泛滥的情况下，"每日辟谣"类信息有效遏制了谣言的扩散并为受众提供了正确的健康防疫知识。

除了制定多样化的主题类型，"丁香医生"微信公众号在推送主题中也会结合疫情发展的具体情况对主题版块进行科学化的调整。在几类推送主题中，问题科普的"答疑解惑"版块不仅贴合"丁香医生"微信公众号作为医疗健康类自媒体的专业性，在解答受众问题的同时也表现出了对受众的关切，为疫情期间受众的健康保驾护航。

2. 标题设置激发受众阅读兴趣

在健康防疫内容传播的过程中，受众对传播者所发出的信息可以有选择性地接受。对受众而言，文章标题有足够吸引力是点击阅读的重要前提；对内容生产者而言，一个能够吸引受众兴趣的标题至关重要。

"丁香医生"微信公众号通过使用多样化的文章标题，提高受众对疫情防护信息的采纳度，多使用以诉说方式为主的陈述句标题，以专家、权威机构等字眼作为信源的权威类标题，通过恐怖词语加剧受众危机感和紧张心情从而采取行动的恐惧类标题，运用具体数字直观体现文章重点的数字化标题等。另外"丁香医生"微信公众号还巧妙使用感叹号以增强标题的情感，通过强烈的语气第一时间吸引受众的注意力，使用问号、省略号的标题则是通过疑问的方式引起受众对防疫知识的联想，勾起其好奇心从而点击阅读。

3. 表现形式图文结合

"丁香医生"微信公众号在疫情期间推送的内容，往往涉及一些专业的医学理论，受众理解起来比较困难。因此，"丁香医生"微信公众号在内容创作的过程中便将图片与文字巧妙融合。通过此类表现形式，将严肃的科普防疫知识变得通俗易懂且生动有趣，降低受众的阅读难度。

（四）多种传播途径传达受众

1. 受众对健康知识的使用与满足

受众依赖媒介来满足他们对获取健康防疫信息的需求，"丁香医生"微信公众号便在满足受众需求的同时促进其对防疫知识的使用，以专业科普为目的，把受众最关切的内容作为传播重点。内容涵盖了防疫所需，包括上班出行、拿外卖等贴近用户的日常生活，针对老人、妇女、儿童等特定的目标人群也有专业的防疫知识。这些内容既可以解决受众在疫情期间对日常生活中健康问题的困惑，又可以让受众阅读一些专业性更强的科普防疫文章，满足用户获得多重知识的需求。

2. 人际传播产生信任感

人际传播是个人与个人之间一种常见信息传播活动，在双方直观的表达中具有较强的说服效果。"丁香医生"微信公众号在疫情期间建立的寻医问药咨询平台，就是一种不受时间和空间约束而可以正常进行的人际传播模式。疫情期间湖北地区用户就健康问题可以在线上平台免费咨询医生，通过发送文字以及语音的方式，向医生咨询健康问题并及时获取有效信息。线上一对一的交流形式不仅避免了用户到医院就诊而被感染的风险，而且在无形中起到了保护用户的作用。同样也避免了用户直接面对医生的紧张心情，让用户在一种平等、宽松的就诊方式中对医生产生信任感。

3. 建立社群答疑营造安全感

在群体传播中，人们可以为了实现共同的目标，通过一定的方式与其他个体一起活动，依靠群体中大家共同的力量消灭个人所难以克服的困难，从而在群体中获得安全感。基于这一状况，"丁香医生"微信公众号在疫情期间邀请到了一些三甲医院的志愿者医生共同建立"孕妈答疑群"，为疫情较为严重地区的孕妈提供在线问诊，通过群聊语音、文字等方式帮助孕妈答疑解惑。在与孕妈讨论、解答健康问题的过程中，可以通过适当的安抚与疏导为她们提供一定的解决方法并给予其安全感。而孕妈在群聊中又可以与其他孕妈交流怀孕心得和经验，在群体中表达个人诉求，在话题共享中获得群体间的理解和支持，从而在疫情期间解决健康问题，同时他们又在丰富自我的过程中获得满足感。

（五）传播效果广泛

"丁香医生"微信公众号在疫情期间发布的健康防疫内容几乎每条都有10万+的阅读量，在社交媒体平台中传播范围较广，达到了一定的传播效果。传播效果就是带有说服目的的传播行为在接受者身上所引起的心理、态度和行为的变化，而健康传播就是要通过有效的传播方式和渠道，最终达到提升公众健康素养的目的。"知识传递""态度改变"和"行为达成"作为健康传播的基本要素，被用来解释受众的知识和信念如何影响健康行为改变，也成为考察健康传播效果经典的"知信行"范式。

因此，"丁香医生"微信公众号以"知"为基础进行健康知识传递，作为医疗健康领域专业的意见领袖，通过制定权威的健康防疫主题、专业的科普内容，满足受众对防疫知识的需求。经由多种传播渠道以及碎片化时间进行传递，从而使受众接收到专业的健康防疫知识。在"信"的态度层面，"丁香医生"微信公众号对文章的标题进行多样化设置，在吸引受众阅读健康防疫内容的同时促使其态度发生转变。而在最终"行"的层面，以前期的"知"和"信"为基础，帮助受众产生改变行为的意识，进一步通过专业的健康防疫知识指导其达成健康行为。

总结

作为新媒体时代的传播媒介，面对突发的重大公共卫生事件，"丁香医生"微信公众号弥补了此次疫情中健康信息传播的空白。在微信这一大众社交平台传播不仅给予了受众极大的便捷性，更传播出了正确且专业的健康信息，提升了受众的防疫能力。除此之外，"丁香医生"微信公众号还努力秉持和受众共情，引导理性的社会心态，先后发起了"点亮为武汉加油"等活动，发布了《请把这份礼物，送给抗疫前线的医护人员》等文章，传递同舟共济和关心爱护医务人员的理念。可能正是这种"以人为本"的价值理念，确保了"丁香医生"微信公众号在疫情期间的热度与好评。而且"丁香医生"微信公众号作为自媒体能够主动承担起应有的社会责任，或许也是赢得受众认可的关键。

（作者张婉，上海大学新闻传播学院硕士研究生）

专家点评

丁香医生：以专业成就声誉

专业的人做专业的事。丁香医生的崛起，得益于两种专业的叠加。

其一是健康医疗层面的专业。从强化实时呈现的"新冠肺炎疫情实时动态地图"到凸显专家解读的"疫情日报"，从日常在线问诊到防疫措施的预警，支撑这些复杂的数据、图表、诊疗方案与医学知识的，是丁香医生前身丁香园论坛深耕20余年所集聚的丰富医护资源——中国70%的医生都是丁香园的注册用户。强大的医疗专家团队，从根本上保障了丁香医生选题与内容的专业与权威。此外，在内容生产维度上，丁香医生还引入了论文的审核机制"同行评议"，用规范的流程保障内容的专业与客观。

其二是传播层面的专业。从常见疾病的科普、医疗等领域的辟谣到健康理念的扩散、生活方式的推广，从多形态呈现到多渠道分发，从中文表达到多语言版本，引导丁香医生内容升级、形式创新的核心因素是强烈的"用户导向"，这是其传播专业性的重要体现。除了日常采编，丁香医生还建立了"偶尔治愈"深度内容团队，借鉴职业化、组织化新闻生产方式，产出诸如莎普爱思、权健等爆款新闻产品，强化了对健康领域的大众话题与社会现象的深度挖掘和专业观照。

两种专业结合的实质就是"健康传播"，即用医生的逻辑进行选题的判断与审核，持续产出普通人能看懂又可信赖的健康内容，普及医学常识，帮助用户构建健康的生活方式。用两种专业打造、固化并拓展声誉，这是丁香医生给我们最大的启示。

（作者刘勇，复旦大学新闻学院教授、博士生导师）